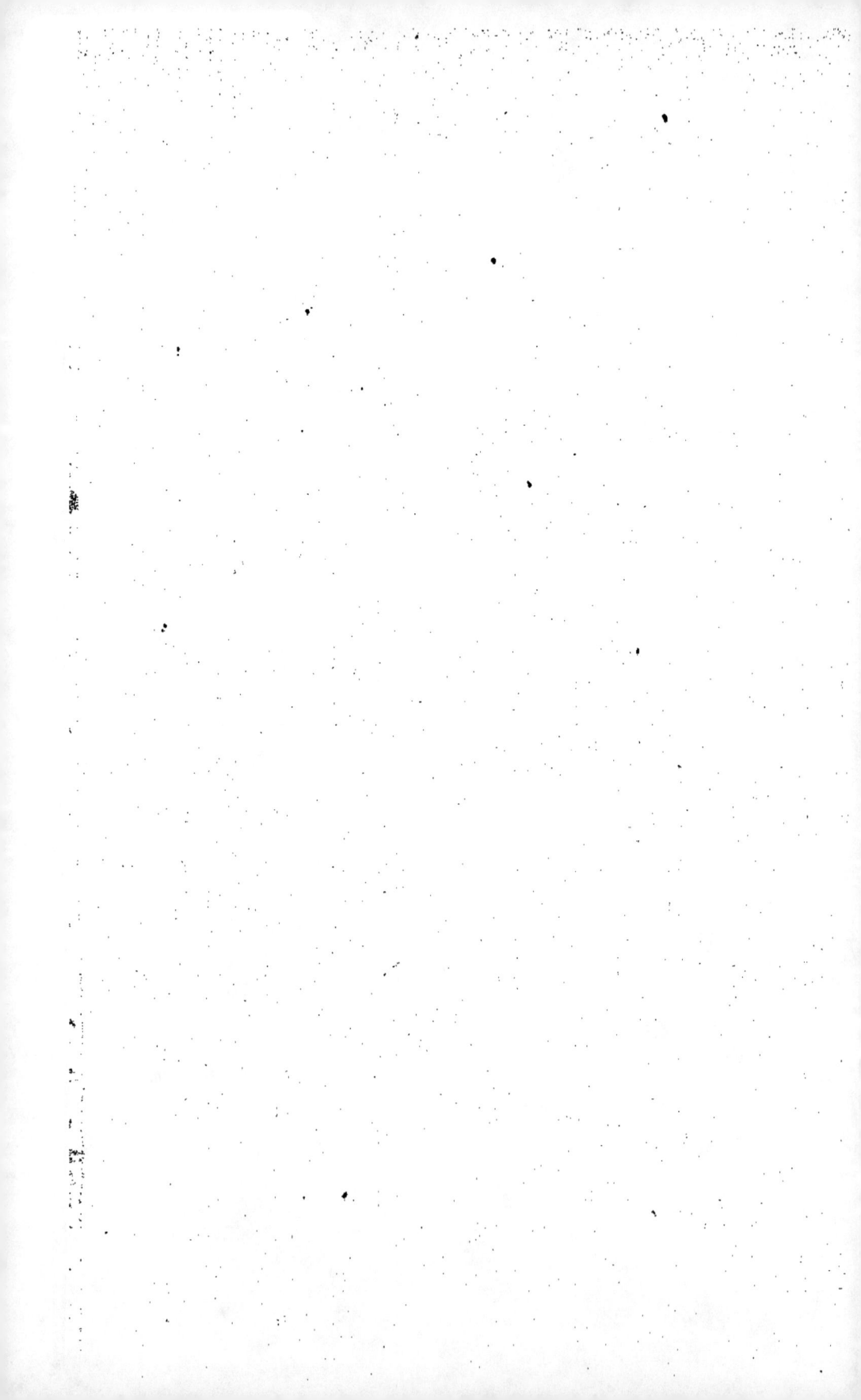

PROCÉDURE

EN SAISIE IMMOBILIÉRE,

FOLLE-ENCHÈRE ET SURENCHÈRE.

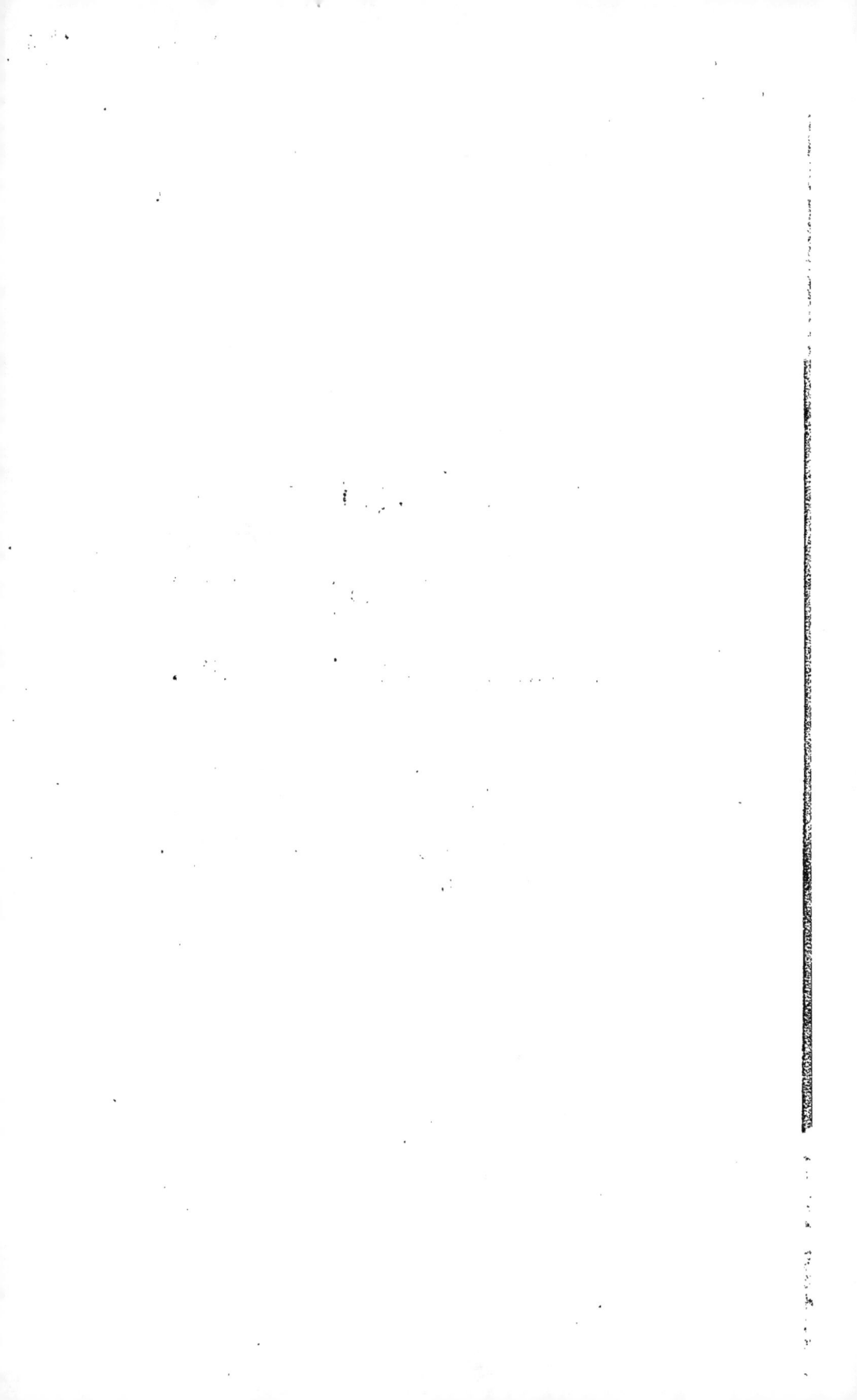

PROCÉDURE

EN

SAISIE IMMOBILIÈRE,

FOLLE-ENCHERE

ET SURENCHERE,

D'APRÈS LE CODE DE PROCÉDURE CIVILE ;

Contenant la solution des difficultés qui peuvent s'élever dans ces différentes Procédures.

Par J.-F.-D. DÉZÉVAUX,

Ex-Avoué près le Tribunal de première instance de Besançon.

A PARIS,

Chez M. FENOT, Négociant, rue Rochechouart, N.º 29, faubourg Montmartre.

DE L'IMPRIMERIE DE L. P. DUBRAY.
1813.

AVANT-PROPOS.

Déja plusieurs personnes ont écrit sur le Code judiciaire, et en ont fait des commentaires ; ces ouvrages, quoique bons en général, ont cependant quelques défauts.

Toutes les fois qu'on veut commenter la loi on tombe dans des erreurs, et souvent on lui faire dire ce que le législateur n'a jamais pensé. Le meilleur commentaire de la loi est son texte même, et les discours des orateurs qui l'ont proposée. Si quelquefois elle paroît louche, c'est là qu'on en trouve l'esprit dans toute sa clarté, et où l'on apprend pourquoi tel ou tel article a été sanctionné.

Persuadé de cette vérité, je me suis abstenu, dans mon ouvrage, de rien commenter ; j'ai cherché à m'en tenir à la lettre exacte de la loi : seulement, comme dans le code judiciaire tous les articles relatifs à la saisie immobilière ne sont pas placés dans l'ordre où ils doivent être exécutés, tels que les articles 701 et 700 qui doivent l'être, dans la marche de la procédure, avant ceux 699, 697 et suivants et quelques autres, je les ai mis, pour faciliter cette procédure, dans l'ordre où les actes qu'ils prescrivent doivent être faits; pour cela, en tête de chaque article, il y a un numéro d'ordre, et en marge le numéro sous lequel il se trouve dans le Code judiciaire.

Dans ce Code les incidents à la saisie immobilière font un titre séparé ; dans cet ouvrage, j'ai placé chaque article commençant ces incidents, dans l'endroit de la procédure où ils peuvent être formés.

Les formules de tous les actes y sont d'un style simple, mais conforme à la loi ; en les suivant exactement on sera sûr de faire une procédure valable, les avoués ne courront pas le danger de les voir déclarer nulles, de supporter les frais qu'elles occasionneroient, peut-être des dommages-intérêts, et qui plus est, de perdre la confiance, pour avoir commis une erreur involontaire ; et les parties ne verront pas, par l'inexactitude de leurs avoués, les délais se doubler et les procédures traîner en longueur. Tel est le but que je me suis proposé ; si mon ouvrage peut être de quelque utilité au public, je serai satisfait.

Plusieurs des articles du Code, au titre de la saisie immobilière, ne sont

pas relatifs à la forme de cette procédure ; ils ne concernent que la ges-
tion que conserve la partie saisie sur
les fruits des héritages saisis, et les
droits des créanciers inscrits sur ces
mêmes fruits : je les ai séparés de ceux
qui ont seulement rapport à la procédure. On trouve ces articles à la
suite des formulaires.

PROCÉDURE

En Saisie immobilière, Folle Enchère et Sur-Enchère.

SAISIE IMMOBILIÈRE.

TEXTE DE LA LOI.

ART. I.er

673. La saisie immobilière sera précédée d'un commandement à personne ou domicile, en tête duquel sera donné copie entière du titre en vertu duquel elle est faite. Ce commandement contiendra élection de domicile dans le lieu où siége le tribunal qui devra connoître de la saisie, si le créancier n'y demeure pas; il énoncera que faute de payement, il sera procédé à la saisie des immeubles du débiteur. L'huissier ne se fera point assister de témoins; il fera, dans le jour, viser l'original par le maire ou l'adjoint du domicile du débiteur, et il laissera une seconde copie à celui qui donnera le visa.

II.

674. La saisie immobilière ne pourra être faite que trente jours après le commandement;

si le créancier laisse écouler plus de trois mois entre le commandement et la saisie, il sera tenu de le réitérer dans les formes et avec le délai ci-dessus.

III.

556. La remise de l'acte ou jugement à l'huissier, vaudra pouvoir pour toute exécution autre que la saisie immobilière et l'emprisonnement, pour lesquels il sera besoin d'un pouvoir spécial.

IV.

675. Le procès-verbal de saisie contiendra, outre les formalités communes à tous les exploits, l'énonciation du jugement ou du titre exécutoire, le transport de l'huissier sur les biens saisis, la désignation de l'extérieur des objets saisis; si c'est une maison, il énoncera l'arrondissement, la commune et la rue où elle est située, et les tenants et aboutissants; si ce sont des biens ruraux, la désignation des bâtiments, s'il y en a, la nature et la contenance, au moins approximative, de chaque pièce, deux au moins de leurs tenants et aboutissants, le nom du fermier ou colon, s'il y en a, l'arrondissement et la commune où elles sont situées. Quelle que soit la nature du bien, le procès-verbal contiendra, en outre, la matrice du rôle de la contribution foncière pour tous les articles saisis, l'indication du Tribunal où la saisie sera portée, et constitution d'avoué chez lequel le domicile du saisissant sera élu de droit.

V.

676. Copie entière du procès-verbal de saisie sera, avant l'enregistrement, laissée aux greffiers des juges de paix et aux maires ou adjoints des communes de la situation de l'immeuble saisi, si c'est une maison ; si ce sont des biens ruraux, à ceux de la situation des bâtiments, s'il y en a, et s'il n'y en a pas, à ceux de la situation de la partie des biens à laquelle la matrice du rôle de la contribution foncière attribue le plus de revenus. Les maires ou adjoints et greffiers viseront l'original du procès-verbal, lequel fera mention des copies qui auront été laissées.

VI.

677. La saisie immobilière sera transcrite dans un registre à ce destiné, au bureau des hypothèques de la situation des biens, pour la partie des objets saisis qui se trouvent dans l'arrondissement.

VII.

678. Si le conservateur ne peut procéder à la transcription de la saisie à l'instant où elle lui est présentée, il fera mention, sur l'original qui lui sera laissé, des heures, jour, mois et an auxquels il aura été remis, et, en cas de concurrence, le premier présenté sera transcrit.

VIII.

679. S'il y a eu précédente saisie, le con-

ervateur constatera son refus en marge de la seconde ; il énoncera la date de la précédente saisie, les noms, demeures et professions du saisi et du saisissant, l'indication du tribunal où la saisie est portée, le nom de l'avoué du saisissant, et la date de la transcription.

IX.

719 Si deux saisissants ont fait enregistrer deux saisies de biens différents, poursuivies dans le même tribunal, elles seront réunies sur la requête de la partie la plus diligente, et seront continuées par le premier saisissant : la jonction sera ordonnée, encore que l'une des saisies soit plus ample que l'autre ; mais elle ne pourra, en aucun cas, être demandée après la mise de l'enchère au greffe : en cas de concurrence, la poursuite appartiendra à l'avoué porteur du titre plus ancien, et si les titres sont de même date, à l'avoué le plus ancien.

X.

720. Si une seconde saisie présentée à l'enregistrement est plus ample que la première, elle sera enregistrée pour les objets non compris en la première saisie, et le second saisissant sera tenu de dénoncer sa saisie au premier saisissant, qui poursuivra sur les deux si elles sont en même état, sinon surseoira à la première et poursuivra sur la seconde jusqu'à ce qu'elle soit au même degré, et alors elles seront réunies en une même

poursuite qui sera portée devant le tribunal de la première saisie.

XI.

721. Faute par le premier saisissant d'avoir poursuivi sur la seconde saisie à lui dénoncée, conformément à l'article ci-dessus, le second saisissant pourra, par un simple acte, demander la subrogation.

XII.

722. Elle pourra être également demandée en cas de collusion, fraude ou négligence de la part du poursuivant.

Il y a négligence, lorsque le poursuivant n'a pas rempli une formalité ou n'a pas fait un acte de procédure dans les délais prescrits, sauf, dans le cas de collusion ou fraude, les dommages-intérêts envers qui il appartiendra.

XIII.

723. L'appel d'un jugement qui aura statué sur cette contestation incidente, ne sera valable que dans la quinzaine du jour de la signification à avoué.

XIV.

724. Le poursuivant contre qui la subrogation aura été prononcée, sera tenu de remettre les pièces au subrogé sur son récépissé; et il ne sera payé de ses frais, qu'après l'adjudication, soit sur le prix, soit par l'adjudicataire.

Si le poursuivant a contesté la subroga-

tion , les frais de la contestation seront à sa
charge ; ils ne pourront, en aucun cas , être
employés en frais de poursuite et payés sur
le prix.

XV.

680. La saisie immobilière sera, en outre,
transcrite au greffe du tribunal où doit se
faire la vente, et ce, dans la quinzaine du
jour de la transcription au bureau des hypothèques , outre un jour par trois myriamètres de distance entre le lieu de la situation des biens et le tribunal.

XVI.

682. Le greffier du tribunal sera tenu, dans
les trois jours de l'enregistrement mentionné
en l'article 680, d'insérer dans un tableau
placé à cet effet dans l'auditoire, un extrait
contenant,

1.° La date de la saisie et des enregistrements ;

2.° Les noms, professions et demeures du
saisi et du saisissant, et de l'avoué de ce
dernier ;

3.° Les noms de l'arrondissement, de la
commune, de la rue, des maisons saisies ;

4.° L'indication sommaire des biens ruraux,
en autant d'articles qu'il y a de communes ,
lesquelles seront indiquées ainsi que les arrondissements. Chaque article contiendra
seulement la nature et la quantité des objets,
et les noms des fermiers ou colons, s'il y
en a; si néanmoins les biens situés dans la
même commune sont exploités par plusieurs

personnes, ils seront divisés en autant d'articles qu'il y aura d'exploitations;

5.º L'indication du jour de la première
publication;

6.º Les noms des maires et greffiers des
juges de paix auxquels copies de la saisie
auront été laissées.

XVII.

681. La saisie immobilière enregistrée comme
il est dit aux articles 677 et 680, sera dénoncée
au saisi dans la quinzaine du jour du dernier
enrégistrement, outre un jour par trois myriamètres de distance entre le domicile du
saisi et la situation des biens; elle contiendra
la date de la première publication. L'original
de cette dénonciation sera visé dans les vingt-
quatre heures par le maire du domicile du
saisi, et enregistré dans la huitaine, outre
un jour par trois myriamètres, au bureau
de la conservation des hypothèques de la
situation des biens, et mention en sera
faite en marge de l'enregistrement de la
saisie réelle.

XVIII.

683. L'extrait prescrit par l'article 682, sera
inséré, sur la poursuite du saisissant, dans
un des journaux imprimés dans le lieu où
siége le tribunal devant lequel la saisie se
poursuit; et s'il n'y en a pas, dans l'un
de ceux imprimés dans le département,
s'il y en a. Il sera justifié de cette insertion par la feuille contenant ledit extrait,

avec la signature de l'imprimeur, légalisée par le maire.

XIX.

684. Extrait pareil à celui prescrit par l'article précédent, imprimé en forme de placard, sera affiché :

1.º A la porte du domicile du saisi;

2.º A la principale porte des édifices saisis;

3.º A la principale place de la commune où le saisi est domicilié, de celle de la situation des biens, et de celle du tribunal où la vente se poursuit;

4.º Au principal marché desdites communes, et lorsqu'il n'y en a pas, aux deux marchés les plus voisins;

5.º A la porte de l'auditoire du juge de paix de la situation des bâtiments, et s'il n'y pas de bâtiments, à la porte de l'auditoire de la justice de paix où se trouve la majeure partie des biens saisis;

6.º Aux portes extérieures des tribunaux du domicile du saisi, de la situation des biens, et de la vente.

XX.

685. L'apposition des placards sera constatée par un acte auquel sera annexé un exemplaire du placard: par cet acte, l'huissier attestera que l'apposition a été faite aux lieux désignés par la loi, sans les détailler.

XXI.

686. Les originaux de placards, et le procès-verbal d'apposition, ne pourront être grossoyés sous aucun prétexte.

XXII.

687. L'original dudit procès-verbal sera visé par le maire de chacune des communes dans lesquelles l'apposition aura été faite, et il sera notifié à la partie saisie.

XXIII.

701. Il ne pourra y avoir moins d'un mois, ni plus de six semaines, de délai entre ladite notification et la première publication.

XXIV.

700. Le cahier des charges sera publié, pour la première fois, un mois au moins après la notification du procès-verbal d'affiche à la partie saisie.

XXV.

697. Quinzaine au moins avant la première publication, le poursuivant déposera au greffe le cahier des charges, contenant : 1.º l'énonciation du titre en vertu duquel la saisie a été faite, du commandement, de l'exploit de saisie, et des actes et jugements qui auront été faits ou rendus; 2.º la désignation des objets saisis, telle qu'elle a été insérée dans le procès-verbal; 3.º les conditions de la vente; 4.º et une mise à prix par le poursuivant.

XXVI.

726. Si le débiteur interjette appel du jugement en vertu duquel on procède à la saisie, il sera tenu d'intimer sur cet appel, et de dénoncer et faire viser l'intimation au greffier du tribunal devant lequel se poursuit la vente; et ce, trois jours au moins avant

la mise du cahier des charges au greffe, sinon l'appel ne sera pas reçu, et il sera passé outre à l'adjudication.

XXVII.

695. Un exemplaire du placard imprimé, prescrit par l'art. 684, sera notifié aux créanciers inscrits, aux domiciles élus par leurs inscriptions, huit jours au moins avant la première publication de l'enchère, outre un jour par trois myriamètres de distance entre la commune du bureau de la conservation et celle où se fait la vente.

XXVIII.

696. La notification prescrite par l'article précédent, sera enregistrée en marge de la saisie, au bureau de la conservation. Du jour de cet enregistrement, la saisie ne pourra plus être rayée que du consentement des créanciers, ou en vertu de jugements rendus contre eux.

XXIX.

725. Lorsqu'une saisie immobilière sera rayée, le plus diligent des saisissants postérieurs pourra poursuivre sur sa saisie, encore qu'il ne se soit pas présenté le premier à l'enregistrement.

XXX.

698. Le poursuivant demeurera adjudicataire pour la mise à prix, s'il ne se présente pas de sur-enchérisseur.

XXXI.

699. Les dires, publications et adjudications,

seront mis sur le cahier des charges à la
suite de la mise à prix.

XXXII.

702. Le cahier des charges sera publié à
l'audience, successivement de quinzaine en
quinzaine, trois fois au moins avant l'adjudication préparatoire.

XXXIII.

703. Huit jours au moins avant cette adjudication, outre un jour par trois myriamètres de distance entre le lieu de la situation
de la majeure partie des biens saisis, et celui
où siége le tribunal, il sera inséré dans un
journal, ainsi qu'il est dit en l'article 683, de
nouvelles annonces; les mêmes placards seront
apposés aux endroits désignés en l'article 684;
ils contiendront, en outre, la mise à prix et
l'indication du jour où se fera l'adjudication
préparatoire.

Cette addition sera manuscrite, et si elle
donnoit lieu à une réimpression de placards,
les frais n'entreront point en taxe.

XXXIV.

733. Les moyens de nullité contre la procédure qui précède l'adjudication préparatoire,
ne pourront être proposés après ladite adju
dication; ils seront jugés avant ladite adju
dication, et si les moyens de nullité sont
rejetés, l'adjudication préparatoire sera prononcée par le même jugement.

XXXV.

734. L'appel du jugement qui aura statué

sur ces nullités ne sera pas reçu s'il n'a été interjeté avec intimation dans la quinzaine de la signification du jugement à avoué; l'appel sera notifié au greffier et visé par lui.

XXXVI.

704. Dans les quinze jours de cette adjudication, nouvelles annonces seront insérées dans les journaux, et nouveaux placards affichés dans la forme ci-dessus, contenant, en outre, la mention de l'adjudication préparatoire, du prix moyennant lequel elle a été faite, et indication du jour de l'adjudication définitive.

XXXVII.

705. L'insertion aux journaux, des seconde et troisième annonces, et les seconde et troisième appositions de placards, seront justifiées de la même forme que les premières.

XXXVIII.

727. La demande en distraction de tout ou de partie de l'objet saisi, sera formée par requête d'avoué, tant contre le saisissant que contre la partie saisie, le créancier premier inscrit et l'avoué adjudicataire provisoire. Cette action sera formée par exploit contre celle des parties qui n'aura pas avoué en cause, et dans ce cas, contre le créancier au domicile élu par l'inscription.

XXXIX.

728. La demande en distraction contiendra l'énonciation des titres justificatifs, qui seront

déposés au greffe, et la copie de l'acte de ce dépôt.

XL.

729. Si la distraction demandée n'est que d'une partie des objets saisis, il sera passé outre, nonobstant cette demande, à la vente du surplus des objets saisis; pourront néanmoins les juges, sur la demande des parties intéressées, ordonner le sursis sur le tout: l'adjudicataire provisoire peut demander la décharge de son adjudication.

XLI.

730. L'appel du jugement rendu sur la demande en distraction, sera interjeté avec assignation dans la quinzaine du jour de la signification à personne ou domicile, outre un jour par trois myriamètres, à raison de la distance du domicile réel des parties; ce délai passé, l'appel ne sera plus reçu.

XLII.

731. L'adjudication définitive ne transmet à l'adjudicataire d'autres droits à la propriété que ceux qu'avoit le saisi.

XLIII.

732. Lorsque l'une des publications de l'enchère aura été retardée par un incident, il ne pourra y être procédé qu'après une nouvelle apposition de placards, et insertion de nouvelles annonces en la forme ci-dessus prescrite.

XLIV.

733. La partie saisie sera tenue de proposer

par requête, avec avenir à jour indiqué, ses moyens de nullité, si aucun elle a, contre les procédures postérieures à l'adjudication provisoire.

XLV.

[Article II du décret du 2 Février 1811.]

Aucune demande en nullité de procédures postérieures à l'adjudication préparatoire, ne sera reçue.

1.º Si le demandeur ne donne caution suffisante pour le payement des frais résultants de l'incident;

2.º Si ladite demande n'est proposée quarante jours au moins avant le jour fixé pour l'adjudication définitive.

XLVI.

[Article III du décret du 2 Février 1811.]

Nous enjoignons à nos juges de statuer sur ladite demande, trente jours au plus tard avant l'adjudication définitive; si leur jugement est par défaut, la partie condamnée ne pourra l'attaquer que par la voie de l'appel.

XLVII.

736. L'appel de ce jugement ne sera pas recevable après la huitaine de la prononciation, il sera notifié au greffier et visé par lui; la partie saisie ne pourra sur l'appel proposer autres moyens de nullité que ceux présentés en première instance.

XLVIII.

[Article IV du décret du 2 Février 1811.]

Il sera statué sur l'appel, dans la quinzaine au plus tard à dater de la notification qui en aura été faite aux termes de l'art. 736

du code de procédure civile. Si l'arrêt est
rendu par défaut, la voie de l'opposition est
interdite à la partie condamnée.

XLIX.

706. Il sera procédé à l'adjudication définitive au jour indiqué lors de l'adjudication
préparatoire.

L.

[Article I.er du décret du 2 Février 1811.]

Le délai entre l'adjudication préparatoire
et définitive, sera au moins de deux mois.

LI.

707. Les enchères seront faites par le ministère d'avoués, et à l'audience. Aussitôt que
les enchères seront ouvertes, il sera allumé
successivement des bougies préparées de manière que chacune ait une durée d'environ
une minute.

L'enchérisseur cesse d'être obligé, si son
enchère est couverte par une autre, lors
même que cette dernière seroit déclarée nulle.

LII.

708. Aucune adjudication ne pourra être
faite qu'après l'extinction de trois bougies
allumées successivement.

S'il y a eu enchérisseur lors de l'adjudication
préparatoire, l'adjudication ne deviendra définitive qu'après l'extinction de trois feux
sans nouvelle enchère.

Si pendant la durée d'une des trois bougies
il survient des enchères, l'adjudication ne

pourra être faite qu'après l'extinction de deux feux sans enchère survenue pendant la durée.

LIII.

709. L'avoué devenu enchérisseur, sera tenu, dans les trois jours de l'adjudication, de déclarer l'adjudicataire et de fournir son acceptation, sinon de représenter son pouvoir, lequel demeurera annexé à la minute : faute de ce faire, il sera réputé adjudicataire en son nom.

LIV.

713. Les avoués ne pourront se rendre adjudicataires pour le saisi, les personnes notoirement insolvables, les juges, juges suppléants, procureurs généraux et impériaux, les substituts et les greffiers du tribunal où se poursuit et se fait la vente, à peine de nullité de l'adjudication et de tous dommages et intérêts.

LV.

714. Le jugement d'adjudication ne sera autre que la copie du cahier des charges, rédigé ainsi qu'il est dit dans l'article 697 ; il sera revêtu de l'intitulé des jugements et du mandement qui les termine, avec injonction à la partie saisie de délaisser la possession aussitôt la signification du jugement, sous peine d'y être contrainte même par corps.

LVI.

715. Le jugement d'adjudication ne sera délivré à l'adjudicataire qu'en rapportant par lui au greffier, quittance des frais ordinaires

de poursuite, et la preuve qu'il a satisfait
aux conditions de l'enchère, qui doivent être
exécutées avant ladite délivrance; lesquelles
quittances demeureront annexées à la minute
du jugement, et seront copiées ensuite de
l'adjudication; faute par l'adjudicataire de
faire lesdites justifications dans les vingt jours
de l'adjudication, il y sera contraint par la
voie de la folle enchère, ainsi qu'il sera dit
ci-après, sans préjudice des autres voies de
droit.

LVII.

716. Les frais extraordinaires de poursuites
seront payés par privilége sur le prix, lorsqu'il
en aura été ainsi ordonné par jugement.

LVIII.

737. Faute par l'adjudicataire d'exécuter
les clauses d'adjudication, le bien sera vendu
à sa folle enchère.

LIX.

738. Le poursuivant la vente sur folle
enchère, se fera délivrer par le greffier un
certificat constatant que l'adjudicataire n'a
point justifié de l'acquit des conditions exigibles de l'adjudication.

LX.

739. Sur ce certificat et sans autre procédure ni jugement, il sera apposé nouveaux
placards et inséré nouvelles annonces dans
la forme ci-dessus prescrite, lesquels porteront
que l'enchère sera publiée de nouveau au

jour indiqué. Cette publication ne pourra avoir lieu que quinzaine au moins après l'apposition des placards.

LXI.

740. Le placard sera signifié à l'avoué de l'adjudicataire et à la partie saisie au domicile de son avoué, et si elle n'en a pas, à son domicile, au moins huit jours avant l'adjudication.

LXII.

741. L'adjudication préparatoire pourra être faite à la seconde publication, qui aura lieu quinzaine après la première.

LXIII.

742. A la quinzaine suivante, ou au jour plus éloigné qui aura été fixé par le tribunal, il sera procédé à une troisième publication, lors de laquelle les objets saisis pourront-être vendus définitivement ; chacune desdites publications sera précédée de placards et annonces, ainsi qu'il est dit ci-dessus, et seront observées lors de l'adjudication, les formalités prescrites par les articles 707, 708 et 709.

LXIV.

743. Si néanmoins l'adjudicataire justifioit de l'acquit des conditions de l'adjudication, et consignoit la somme réglée par le tribunal pour le payement des frais de folle enchère, il ne seroit pas procédé à l'adjudication définitive, et l'adjudicataire éventuel seroit déchargé.

LXV.

744. Le fol-enchérisseur est tenu par corps de la différence de son prix d'avec celui de la vente sur folle-enchère, sans pouvoir réclamer l'excédent s'il y en a; cet excédent sera payé aux créanciers, ou, si les créanciers sont désintéressés, à la partie saisie.

LXVI.

745. Les articles relatifs aux nullités et aux délais et formalités de l'appel, sont communs à la poursuite de folle-enchère.

LXVII.

746. Les immeubles appartenant à des majeurs maîtres de disposer de leurs droits, ne pourront, à peine de nullité, être mis aux enchères en justice, lorsqu'il ne s'agira que de ventes volontaires.

LXVIII.

747. Néanmoins, lorsqu'un immeuble aura été saisi réellement, il sera libre aux intéressés, s'ils sont tous majeurs et maîtres de leurs droits, de demander que l'adjudication soit faite aux enchères, devant notaire ou en justice, sans autres formalités que celles prescrites aux articles 957, 958, 959, 960, 961, 962 et 964, sur la vente des biens immeubles.

LXIX.

748. Dans le cas de l'article précédent, si un mineur ou interdit est créancier, le tuteur pourra, sur un avis de parens, se

joindre aux autres parties intéressées pour la même demande.

Si le mineur ou interdit est débiteur, les autres parties intéressées ne pourront faire cette demande qu'en se soumettant à observer toutes les formalités pour la vente des biens des mineurs.

LXX.

710. Toute personne pourra, dans la huitaine du jour où l'adjudication aura été prononcée, faire au greffe du tribunal, par elle-même ou par un fondé de procuration spéciale, une sur-enchère, pourvu qu'elle soit du quart au moins du prix principal de la vente.

LXXI.

711. La sur-enchère permise par l'article précédent, ne sera reçue qu'à la charge, par le sur-enchérisseur, d'en faire, à peine de nullité, là dénonciation, dans les vingt-quatre heures, aux avoués de l'adjudicataire, du poursuivant et de la partie saisie, si elle a avoué constitué, sans néanmoins qu'il soit nécessaire de faire cette dénonciation à la personne ou au domicile de la partie saisie qui n'auroit pas d'avoué.

La dénonciation sera faite par un simple acte contenant avenir à la prochaine audience sans autre procédure,

LXXII.

712. Au jour indiqué, ne pourront être admis à concourir que l'adjudicataire et celui

qui aura enchéri du quart, lequel, en cas
de folle-enchère, sera tenu par corps de la
différence de son prix d'avec celui de la
vente.

·LXXIII.

717. Les formalités prescrites par les articles
673, 674, 675, 676, 677, 680, 681, 682,
683, 684, 685, 687, 695, 696, 697, 699,
700, 701, 702, § 1.er de 703, 704, 705,
706, 707 et 708, seront observés à peine
de nullité.

Nota. *Les formalités prescrites par le
décret de S. M. l'Empereur et Roi, du 2
Février 1811, doivent aussi être exécutées,
à peine de nullité.*

SAISIE IMMOBILIÈRE.

FORMALITÉS
DE LA PROCÉDURE.

Commandement.

L'AN dix-huit cent onze, le premier Janvier, avant midi, en vertu d'un acte obligatoire, reçu de M...., notaire à Besançon, le ... enregistré en ladite ville, le..... par R., qui a perçu...; et à la requête du sieur Joseph A, négociant, demeurant audit Besançon, lequel fait élection de domicile en sa résidence en ladite ville, et encore en l'étude du sieur B, avoué près le tribunal de première instance, séant en ladite ville, y demeurant, grande rue, n.º 745, qu'il constitue pour occuper pour lui, je soussigné..., huissier près le tribunal de première instance, séant à Besançon, demeurant en ladite ville, patenté pour la présente année, sous le n.º 4, ai, de par l'Empereur et Roi, la loi et justice, fait exprès commandement au sieur C, boulanger, demeurant audit Besançon, en son domicile et parlant à... d'avoir à payer instamment audit sieur A, ou à moi ledit huissier, porteur de titres, pour lui être remis, 1.º la somme de dix mille francs, principal porté en ladite obligation ; 2.º celle de cinq cents francs pour une année d'intérêts, échue le ... dernier, sans préjudice du terme courant et des frais d'exécution, avec déclaration que faute par lui de satisfaire au présent commandement, et après l'expiration du délai d'un mois, date de ce jour, il sera procédé à la saisie de ses immeubles, conformément au code judiciaire.

Auquel effet j'ai audit sieur C, au domicile et parlant comme devant, signifié et copie délivré, tant de mon présent exploit que de l'acte obligatoire y énoncé. Fait audit lieu, les an, mois et jour susdits. Le coût du présent commandement est de . . . .

Signé K.

Vu par nous, ... maire de la ville de Besançon, le commandement ci-dessus, conformément à l'article 673 du code de procédure civile, déclarant que l'huissier exécuteur nous a remis une copie entière, tant dudit commandement que du titre y énoncé.

Fait en la mairie de Besançon, le premier Janvier dix-huit cent onze. *Signé* D.

On voit que dans cet acte toutes les formalités prescrites par l'article premier de cet ouvrage sont observées ; on y trouve l'élection du domicile du créancier dans le lieu où siége le tribunal qui doit connoître de la saisie des immeubles du débiteur, l'énonciation du

titre en vertu duquel il est fait, et la
mention de la copie qui en a été délivrée au débiteur; le visa de l'exploit
dans le jour du commandement, contenant le reçu de la copie par celui qui
a donné le visa.

Procuration à l'huissier pour faire la saisie.

Je soussigné Joseph A, négociant, demeurant
à Besançon, donne par les présentes pouvoir
au sieur...., huissier près le tribunal de première instance, séant en ladite ville, de...
pour moi et en mon nom, et en vertu des
titres exécutoires que j'ai contre le sieur C,
boulanger en ladite ville, procéder à la saisie
immobilière des immeubles appartenant audit
sieur C, mon débiteur, à charge par ledit
huissier de se conformer aux articles du code
de procédure civile, relatifs à la saisie immobilière, promettant avoir son géré pour
agréable, et de le relever de toutes charges.
Fait à Besançon, le dix-huit Février dix-huit
cent onze. *Signé* A.

L'huissier ne peut procéder à une
saisie immobilière, sans être porteur de
cette procuration; c'est le prescrit de
l'article 3 de cet ouvrage. Il faut également qu'avant de procéder à la saisie,
cette procuration soit enregistrée, afin
de lui donner une date certaine. Sans
cette formalité, on pourroit reprocher
à l'huissier que lors de la saisie il n'étoit
pas porteur de la procuration, et par là

2

arguer cette saisie de nullité. A cette
objection il n'y auroit rien à répondre,
puisque l'article 1328 du code Napoléon
ne veut pas qu'on puisse opposer à des
tiers, un acte qui n'a pas de date certaine, et ici le saisi est, pour l'huissier
exécuteur, le tiers dont la loi entend
parler.

Saisie immobilière.

L'an mil huit cent onze, le vingt-huit
Mars, avant midi, en vertu d'obligation
reçue de M...., notaire à Besançon, le...
enregistrée en ladite ville le... par R, qui
a reçu... et à la requête du sieur Joseph A,
négociant, demeurant à Besançon, lequel fait
élection de domicile en sa résidence, et encore
en l'étude du sieur B, avoué près le tribunal
de première instance, séant à Besançon, demeurant en ladite ville, grande rue, n.° 745,
qu'il constitue pour occuper pour lui cette
part; je soussigné...... huissier près le
tribunal de première instance séant à Besançon,
demeurant en ladite ville, patenté pour la
présente année, sous le n.° 4, fondé de pouvoir
spécial du sieur A, par procuration sous seing-
privé du dix-huit Février dernier, enregistrée
le... par... qui a reçu...; certifie m'être
exprès transporté en une vigne située sur le
territoire de Besançon, lieu dit à Trois-Châtel,
arrondissement de la justice de paix du Sud
de ladite ville, et du tribunal d'instance de
la même ville; ladite vigne appartenant au
sieur C, boulanger à Besançon, contenant

deux hectares vingt-un ares cinquante-cinq
centiares (cinquante ouvrées), touchant de
vent P, et de bise T; elle est cultivée par
E. qui en est le fermier.

Extrait de la matrice des rôles de la contribution foncière de la ville de Besançon,
pour l'année mil huit cent onze.

Lettre C, article 72.

Une vigne sise à Trois-Châtel, contenant
deux hectares vingt-un ares cinquante-cinq
centiares, en revenu net imposable , cent
soixante francs, ci . . . . . . , . . 160 fr.

Pour extrait délivré à la mairie de Besançon, le vingt-deux Mars mil huit cent
onze. *Signé* D.

Étant dans ladite vigne, et faute par ledit
sieur C d'avoir satisfait au commandement
de payer, qui lui a été notifié le premier
Janvier dernier; je, ledit huissier, ai saisi
réellement et mis sous la main de l'Empereur
et Roi, la loi et justice, la vigne ci-devant
énoncée, pour, après que les formalités prescrites par le code de procédure civile auront
été remplies, être vendue par-devant MM. les
président et juges du tribunal de première
instance du premier arrondissement du département du Doubs, séant palais de justice,
à Besançon, à l'audience qui sera indiquée
par les errements subséquents.

De tout quoi j'ai dressé le présent procès-
verbal de saisie réelle, auquel j'ai employé
deux vacations, ce qui en porte le coût à . . .
y compris les deux copies qui en seront dé-
livrées par moi, ce présent jour, à M. le

2..

maire de la ville de Besançon, et au greffier
de M. le juge de paix de l'arrondissement du
Sud de ladite ville, en leur faisant viser
mon exploit, conformément à l'article 676
du code de procédure civile. Fait audit Besançon, les an, mois et jour susdits. *Signé* K.

Vu par nous.... maire de la ville de
Besançon, déclarant que l'huissier exécuteur
nous a remis une copie entière du procès-
verbal de saisie réelle ci-dessus. Fait à
Besançon, le vingt-huit Mars mil huit cent
onze. *Signé* D.

Vu par moi..., greffier de M. le juge
de paix de l'arrondissement du Sud de la
ville de Besançon, déclarant que l'huissier
exécuteur m'a remis une copie entière du
procès-verbal de saisie réelle ci-dessus. Fait
à Besançon, le vingt-huit Mars mil huit
cent onze. *Signé* V.

Toutes les formalités prescrites par les
articles 4 et 5 de cet ouvrage ont été
observées. Le commandement a été fait
le premier Janvier, la saisie a eu lieu
le vingt-huit Mars suivant, par conséquent dans les trois mois, comme le
veut l'article 674. Cette saisie contient
l'énonciation du titre en vertu duquel
elle est faite, le transport de l'huissier
sur les biens, la désignation de l'objet
saisi, deux des confins, l'arrondissement
dans lequel il est situé, l'extrait de la
matrice du rôle, l'indication du tribunal

qui doit connoître de la saisie, et la
constitution d'avoué.

Malgré que le code ne prescrive pas à
l'huissier de relater dans la saisie réelle,
la procuration en vertu de laquelle il
agit, je pense qu'il est plus prudent de
le faire, pour éviter toute contestation ;
d'ailleurs, lorsqu'elle n'est pas énoncée,
on ne peut savoir si l'huissier en étoit
porteur lorsqu'il a procédé à la saisie,
ce que doit connoître le saisi ; c'est
pourquoi elle se trouve relatée dans le
modèle ci-devant.

Les *visa* sont aussi faits avant l'enregistrement, comme le veut la loi,
article 676.

Je dois parler d'une difficulté à laquelle a donné lieu le mot *arrondissement*, qui se trouve dans l'article 675
du code de procédure, difficulté qui a
été décidée en sens contraire par deux
tribunaux du département du Doubs.

Des particuliers de Besançon, poursuivant par expropriations simultanées,
un débiteur, je fus, en ma qualité
d'avoué, chargé de la poursuite de ces
saisies réelles. C'étoit, comme dans cet
ouvrage, des biens ruraux que l'on pour-
suivoit. Les saisies étoient ainsi conçues
pour la désignation des pièces d'héritage.

« Une pièce de terre en nature de
» labour, située en la commune de M,
» lieu dit à Cras, contenant soixante-dix
» ares quatre-vingt-neuf centiares (deux
» journaux), touchant de levant B, de
» couchant D, tenue à ferme par P,
» pour lesdits biens être vendus par-
» devant le tribunal de première ins-
» tance du premier arrondissement du
» département du Doubs, séant à Be-
» sançon, etc. »

.. Je croyois par cette désignation avoir
rempli scrupuleusement le but de la loi,
mais le tribunal de Besançon a annullé
la saisie ainsi que les placards qui con-
tenoient la même désignation. Voici ses
motifs :

« Considérant que l'article 675 du code
» de procédure, ordonne que la saisie
» réelle énoncera l'arrondissement dans
» lequel les biens sont situés, que
» l'article 682, § 4, ordonne la même
» énonciation pour les placards; que la
» saisie et les placards dont il s'agit,
» n'annoncent pas que les biens saisis
» sont situés dans l'arrondissement de
» la justice de paix de tel canton, et
» dans l'arrondissement de tel tribunal. »

« Par ces motifs, annulle etc. »

Le tribunal de Besançon a donc jugé
que par le mot arrondissement, le lé-

gislateur avoit entendu l'arrondissement
de la justice de paix et celui du tribunal
de la situation des biens ; que, pour que
la saisie fût valable, il auroit fallu que
la désignation fût ainsi faite :

« Une pièce de terre en nature de labour,
située en la commune de M. , arrondisse-
de la justice de paix du canton de...
et du tribunal d'instance de..... »

L'expropriation présentée devant le
tribunal d'Arbois, on m'a opposé les
mêmes moyens de nullité et le jugement
de Besançon ; j'y ai plaidé la cause et ai
soutenu que la désignation, telle qu'elle
étoit faite dans la saisie, énonçoit l'arrondissement dans lequel les biens étoient
situés, que l'interprétation du mot *arrondissement*, dans le sens que le tribunal de Besançon lui avoit donné, étoit
erronée ; pour le prouver, je disois : On
voit par la manière dont le titre des
saisies immobilières est rédigé, que l'intention du législateur a été de donner
à cette procédure la plus grande publicité, au saisi la facilité de pouvoir se
libérer, et au public la connoissance la
plus exacte de l'objet mis en vente ; c'est
ce qui résulte de l'exposé des motifs sur
ce titre, par M. le Conseiller d'Etat
Réal. Page 211, édition in-douze, on
y lit :

« Aux moyens exigés jusqu'à ce jour ,
» pour procurer la désignation des objets
» saisis, nous avons cru devoir ajouter
» que le procès-verbal de saisie immobi-
» lière contiendroit l'extrait de la matrice
» du rôle de la contribution foncière ,
» pour tous les articles saisis. »

C'est donc là la seule addition qu'ait
fait la nouvelle loi, quant à la désignation des objets à vendre.

Voyons actuellement si, admettant la
nullité proposée par le saisi et accueillie
par le tribunal de Besançon, le but du
législateur seroit rempli : je soutiens que
non :

Pour le prouver, suivons à la lettre
l'article 675, dans le sens que lui donne
le défendeur et que lui a donné le tribunal de Besançon.

Cet article porte : « Si ce sont des
» biens ruraux , le procès-verbal de sai-
» sie contiendra la nature et la conte-
» nance au moins approximative de chaque
» pièce, deux au moins de leurs tenants
» et aboutissants, le nom du fermier ou
» du colon , s'il y en a , l'arrondissement
» et la commune où elles sont situées. »

Prenons actuellement pour comparai-
son l'objet mis en vente, en suivant
l'article de la loi, dans le sens qu'a donné

le tribunal de Besançon au mot *arron-dissement.*

Une vigne contenant deux hectares vingt-un ares cinquante-cinq centiares (voilà la nature et la contenance de la pièce), touchant de vent P. , de bise T. (voilà les deux confins), cultivée par E. (le nom du fermier), située sur le ter-ritoire de Besançon , arrondissement de la justice de paix du sud dudit Besançon et du tribunal d'instance de la même ville. Voilà bien tout le prescrit de la loi , et le mot arrondissement pris dans le sens que le tribunal de Besançon lui a donné.

Je le demande, après une pareille désignation, quelle est la personne qui pourroit connoître l'objet mis en vente? dans quel canton, arrondissement ou cli-limat de la justice de paix du sud dudit Be-sançon, qui est très étendu, est-il situé? est-ce dans un bon , médiocre ou mauvais terroir? autant de problèmes à résoudre, et comme d'après l'article 714, l'adjudication n'est autre que la copie du cahier des char-ges, qui n'est lui-même que la copie de la saisie, l'acquéreur à vue de son expé-dition, ne sauroit où prendre sa pro-priété. S'il vouloit la prendre dans un bon climat, le saisi pourroit soutenir que c'est dans un autre : cela donneroit matière à des procès interminables que le législateur a voulu éviter ; tandis qu'en interprétant le mot *arrondissement*, comme je l'ai fait, par celui de canton ou climat, qui est son véritable sens dans le cas particulier, il n'y a aucune ambiguité dans la loi, aucun louche ni doute sur l'objet mis en vente ; le vœu du législateur, exprimé dans le discours de M. Réal, est rempli. Comme je l'ai déjà observé, il dit : qu'aux moyens exigés jusqu'à ce jour pour procurer la désignation précise des objets saisis, on a ajouté que le procès-verbal contiendroit l'extrait de la matrice des rôles ; c'est donc là la seule innovation qu'ait faite le code de procédure. Examinons donc quels sont les moyens dont on s'est servi jusqu'à ce jour. Ce n'est pas dans la loi du 11 Brumaire an 7 que nous pouvons les trouver, elle est entièrement muette à cet égard ; c'est donc à l'article 3 du titre 9 de l'ordonnance de 1667 qu'il faut avoir recours. Que porte cet article ? Il nous dit :

« Ceux qui feront demandes de censives
» par action, ou de la propriété ou de quel-
» que héritage, rente foncière, charge réel-
» le ou hypothèque, seront tenus, à peine
» de nullité, de déclarer par leur premier
» exploit, le bourg, village ou hameau, *le*
» *terroir et la contrée* où l'héritage est

» situé, sa consistance , ses nouveaux te-
» nants et aboutissants du côté de sep-
» tentrion , midi, orient et occident;
» sa nature au temps de l'exploit; si
» c'est terre labourable, prés , bois ou
» d'autre qualité, ensorte que le défen-
» deur ne puisse ignorer pour quel hé-
» ritage il est assigné. »

Tels sont donc les moyens qui ont
été mis en usage jusqu'à la mise en ac-
tivité du code de procédure civile , pour
désigner un immeuble mis en vente ;
ils sont bien identiquement les mêmes
que ceux prescrits par les articles 675
et 682 de ce code. La seule différence
qui y existe, c'est que dans l'ordonnance de 1667 , le législateur s'est servi
des termes *terroir* et *contrée*, tandis
que dans le nouveau code il s'est servi
du mot *arrondissement;* mais son vœu
formellement exprimé sous l'une et
l'autre de ces législations, est que l'héritage soit désigné de manière à ce qu'on
ne puisse le méconnoître, et ce n'est
que par la désignation du terroir ou
climat qu'on peut le montrer à tous les
yeux : c'est ce que j'ai fait dans ma saisie réelle, tandis que si je l'avois fait
conforme à la décision qu'a portée le
tribunal de Besançon, je n'aurois point
atteint le but du législateur , et j'aurois

aissé ignorer la situation de l'héritage
mis en vente, et par là l'héritage lui-
même,

J'ajoutois qu'en interprétant le mot
arrondissement comme l'avoit fait le
tribunal de Besançon, la loi n'exigeoit
pas que l'on mît, ni dans la saisie, ni
dans les placards, le climat dans lequel
est situé l'héritage dont on poursuit la
vente, comme je venois de le démon-
trer, ce qui est cependant absolument
nécessaire pour les faire connoître, soit
au saisi, soit au public, afin que celui
qui s'en prétendroit propriétaire pût en
former la révendication, ce qui ne pourroit jamais avoir lieu en donnant au mot
arrondissement le sens que le tribunal
de Besançon lui a donné. Que le législateur, en indiquant dans les articles 675
et 682 la manière dont les fonds doivent
être désignés pour donner cette connoissance, ne parlant que de l'arrondissement et non du canton ou climat dans
lequel ils sont situés, ce mot *arrondissement* doit naturellement être traduit
par celui *climat;* que c'est ce qui résulte du discours de M. le Conseiller
d'Etat Réal. Que Pothier nous enseigne
en son traité des obligations, nombre 92,
que toutes les fois que dans une obligation il s'y trouve un terme susceptible

de différentes interprétations, on doit
toujours l'interpréter dans le sens où il
doit avoir quelqu'effet, et non dans celui où il n'en auroit aucun; que raison-
nant par analogie, il devoit en être de
même d'une loi, à plus forte raison, parce
que dans une obligation un terme vide de
sens peut y être placé par l'impéritie du
notaire, tandis qu'on ne peut pas suppo-
ser, sans lui faire injure, que le législateur
ait placé un mot inutile dans une loi ; lorsqu'il l'y a mis, il a eu une intention quelconque : c'est au jurisconsulte à la décou-
vrir ; c'est aussi le prescrit du Code Napoléon, art. 1157 et 1158. Ici tout le monde
conviendra que dans la loi, le législateur a
eu pour but la désignation parfaite de
l'objet mis en vente, de manière qu'on ne
puisse s'y tromper ; qu'en traduisant le
mot *arrondissement* par celui *canton* ou
climat, l'héritage mis en vente est par-
faitement désigné, le vœu du législateur
rempli, et ce mot a un effet : tandis
qu'en l'interprétant comme le fait le tribunal de Besançon, cette désignation ne
fait pas connoître l'objet mis en vente
et devient inutile, et l'on fait faire au
législateur un pléonasme dans l'article
675, puisqu'il y diroit que l'on doit é-
noncer dans la saisie l'arrondissement du
tribunal dans lequel les biens sont situés,

et deux lignes plus bas, que le procès-verbal de saisie contiendra l'indication du tribunal où la saisie doit être portée, ce qui seroit dire deux fois la même chose.

Aussi le tribunal d'Arbois, admettant mes moyens, a-t-il repoussé la nullité et validé l'expropriation.

Je pense encore de même aujourd'hui, et si, dans le formulaire de saisie que je donne dans cet ouvrage, j'ai ajouté à la désignation que je crois devoir être faite, celle de l'arrondissement de la justice de paix et du tribunal dans lequel la vigne saisie est située, ce n'est point pour valider la saisie, mais à cause de cet adage si trivial, *quod abondat non viciat*, car je crois cette désignation entièrement superflue et inutile. (1)

Transcription de la saisie.

Transcrit le huit Avril 1811, au bureau de la conservation des hypothèques de Besançon, V. 2, N.° 20; reçu pour salaire, timbre et dépôt... signé V

C'est le prescrit de l'article 6 de cet

---

(1) Dans le narré que je viens de faire je n'ai point entendu m'ériger en censeur de la décision du tribunal d'instance de Besançon, ni la critiquer; je respecte trop les vertueux magistrats qui le composent, pour avoir jamais eu pareille idée.

ouvrage. On peut faire cette transcription quand on veut, la loi ne prescrivant point de délai; mais plutôt elle est faite et meilleur.

Enonciation que doit porter le receveur des hypothèques sur la saisie, lorsqu'il ne peut pas la transcrire au moment où elle lui est remise.

Le présente saisie a été déposée en mon bureau, à neuf heures du matin de ce jour. Besançon, le 8 Avril 1811. Signé V.

Article 7 de cet ouvrage.

Ce que doit faire le conservateur, dans le cas où il y a une précédente saisie.

Je soussigné, conservateur des hypothèques à Besançon, déclare ne pouvoir enregistrer la présente saisie, attendu qu'il y en a une précédente sous la date du quatre Mars dernier, à la requête du sieur G. cafetier, demeurant à Quingey, sur le sieur C., boulanger, demeurant à Besançon; pour être poursuivi par-devant le tribunal de première instance, séant audit Besançon, le sieur N., avoué, est constitué dans cette saisie qui a été transcrite en ce bureau, le seize Mars dernier. Besançon, le 8 Avril 1811. Signé V.

Ce certificat doit se mettre en marge de la saisie présentée à la transcription.

Article 8 de cet ouvrage.

Demande en jonction de deux saisies.

A Messieurs les président et juges du tribunal de première instance, séant à Besançon.

Expose le sieur Joseph A, négociant en ladite ville.

Qu'en sa qualité de créancier du sieur C., boulanger, demeurant en la même ville, en vertu d'obligation reçue de M., notaire au même lieu, le . . . , enregistrée le . . . , par R. qui a reçu . . . . , il a fait procéder à saisie immobilière, par exploit de l'huissier K., du vingt-huit Mars dernier, sur une vigne sise sur le territoire de Besançon, lieu dit à Trois-Châtel, appartenant audit sieur C.; qu'ayant présenté cette saisie au bureau des hypothèques pour y être transcrite, il s'il en est trouvé une précédente, faite à requête du sieur G., cafetier, demeurant à Quingey, par exploit du quatre Mars dernier, suivant le certificat qu'en a délivré le conservateur des hypothèques, qui est joint à la présente : c'est pour faire prononcer la jonction de ces deux saisies que l'exposant accourt.

A ce qu'il vous plaise, Messieurs, voir la présente, les pièces y énoncées et jointes, et conformément à l'article 719 du code judiciaire, faire jonction desdites deux saisies ; ordonner au sieur N., avoué du sieur G., premier saisissant, de poursuivre sur ces deux saisies ; déclarer que les frais de la demande en jonction et du jugement à intervenir, seront employés comme frais de poursuite (1).

_____

(1) C'est le prescrit de l'article 57 de cet ouvrage.

Dumoins ordonner que pour l'entendre ainsi prononcer, les parties viendront à l'audience. Signé B.

Viennent parties à l'audience. Besançon, le 12 Avril 1811. Signé A.

Acte en dénonciation d'audience.

A la requête de B., avoué près ledit tribunal de première instance, séant à Besançon, occupant pour le sieur A., négociant en ladite ville ;

Soit signifié et déclaré au sieur N., avoué près le même tribunal, occupant pour le sieur G., cafetier, demeurant à Quingey :

Que pour faire prononcer sur les conclusions choisies par la requête dont il lui sera laissé copie avec celle des présentes, il fera porter et plaider la cause à l'audience dudit tribunal, qui se tiendra à neuf heures du matin du 17 du courant, le requérant et protestant, etc., dont acte. Signé B.

Signifié et copie délivrée tant du présent acte que de la requête y énoncée au sieur N., avoué, en son Etude et parlant à son clerc. Besançon, le 13 Avril 1811. Signé K.

L'article 719 du code de procédure ne dit pas dans quelle forme la demande en jonction doit être faite, ni à qui on doit la dénoncer ; il faut donc avoir recours, pour la forme de la procédure, à l'article 117 du tarif ; c'est lui qui prescrit la requête d'avoué à avoué (1). Quant

_____

(1) Article 117 du tarif. « Pour la requête d'avoué

aux personnes contre qui elle doit être formée, le bon sens nous indique le saisissant et la partie saisie ; elle se dénonce au premier par acte d'avoué, et au second à personne ou domicile. Le même article du code, qui est le 9.ᵉ de cet ouvrage, veut que la demande en jonction soit formée avant la mise des enchères au greffe ; c'est qui est fait, puisque cette demande est formée le 12 Avril, signifiée le 13, et que le cahier des charges n'est déposé que le vingt-un Mai. Voyez page 60.

Acte de dénonciation de plus ample saisie au premier saisissant.

L'an dix-huit cent onze, le dix Avril, à la requête du sieur Joseph A, négociant, demeurant à Besançon, lequel fait élection de domicile en sa résidence, et encore en l'étude du sieur B, avoué près le tribunal de première instance, séant audit Besançon, y demeurant, grande rue, n.º 745, qu'il constitue pour occuper pour lui cette part : je soussigné.... ai signifié et déclaré au sieur G, cafetier, demeurant à Quingey, en son domicile audit lieu et parlant à . . .

Que le déclarant ayant fait procéder à saisie immobilière sur une vigne appartenant

_____

» à avoué, contenant demande afin de réunion de » poursuites de saisies immobilières de biens diffé- » rents, portées devant le même tribunal. »

au sieur C, boulanger à Besançon, située sur le territoire de ladite ville, lieu dit à Trois-Châtel, il a fait transcrire cette saisie au bureau de la conservation des hypothèques de Besançon; mais comme déjà le sieur G avoit fait saisir réellement une partie de ladite vigne, et que sa saisie étoit transcrite antérieurement à celle du déclarant, celle-ci ne l'a été que pour la partie qui n'étoit pas comprise dans la première saisie; que d'après l'article 720 du code judiciaire, le premier saisissant devant poursuivre sur les deux saisies, il prend le parti de lui dénoncer celle qu'il a fait faire le vingt-huit Mars dernier, en le requérant d'avoir à y donner suite dans les délais prescrits par le code judiciaire, lui offrant de lui remettre à cet effet et sur son récépissé, toutes les pièces relatives à ladite saisie; protestant, faute par lui de poursuivre, comme il en est requis, de se pourvoir en subrogation de poursuite.

Auquel effet j'ai, audit sieur G, au domicile et parlant comme devant, signifié et copie délivrée tant de mon présent exploit que de la saisie réelle y énoncée. Fait audit lieu, les an, mois et jour susdits. Le coût est de..... *Signé* K.

C'est le prescrit de l'article 10 de cet ouvrage.

Acte en demande en subrogation.

A la requête du sieur B, avoué près le tribunal de première instance, séant à Be-

sançon, occupant pour le sieur Joseph A,
négociant en ladite ville;

Soit signifié et déclaré au sieur N, avoué
près le même tribunal, occupant pour le sieur
G, cafetier, demeurant à Quingey :

Que faute par lui d'avoir poursuivi la saisie
immobilière, faite à requête dudit sieur A
sur le sieur C, boulanger à Besançon, par
exploit du vingt-huit Mars dernier, dûment
enregistré, qui lui a été dénoncé par autre
exploit du dix du courant, enregistré à . . .
le . . . par . . . qui a reçu . . . dans les délais
prescrits par le code judiciaire : il fera porter
la cause à l'audience du tribunal de première
instance, séant palais de justice à Besançon,
qui se tiendra à neuf heures du matin, du . . . ,
où il conclura,

A ce qu'il plaise au tribunal déclarer qu'à
défaut par le sieur G d'avoir donné suite à la saisie du vingt-huit Mars, ledit sieur A demeure
autorisé à la poursuivre, ainsi que celle faite
à requête dudit sieur G, le quatre Mars
dernier; condamner celui-ci à remettre au
demandeur les pièces de la poursuite, dans
vingt-quatre heures, date du jugement à intervenir, et ce, sur récépissé; déclarer encore
que ledit sieur A est autorisé à employer les
frais de la subrogation comme frais de poursuites; et dans le cas de contestation, condamner ledit sieur G aux dépens. Requérant
ledit avoué N de se rencontrer à l'audience
ci - devant désignée, protestant y obtenir
jugement, tant en présence qu'absence, dont
acte. *Signé* B.

Signifié et copie délivrée du présent acte
à l'avoué N, en son étude et parlant à son
clerc. Besançon, le... Avril mil huit cent
onze. *Signé* K.

Cet acte est le résultat de l'article 11
de cet ouvrage. Malgré qu'il n'y soit pas
question que la subrogation doive être
prononcée contradictoirement avec la
partie saisie, je pense cependant qu'on
doit lui notifier cette demande à personne ou domicile si elle n'a pas avoué
constitué, attendu qu'elle est la principale actrice, et que rien ne doit être
fait à son insçu.

Transcription de la saisie au greffe.

Transcrit au greffe du tribunal de première
instance, séant à Besançon, le vingt Avril
dix-huit cent onze. *Signé* F.

Comme on le voit, cette transcription
est faite dans la quinzaine de celle au
bureau des hypothèques *(voyez p. 38)*,
ainsi que le prescrit l'article 15 de cet
ouvrage, puisque celle-ci a été faite le
huit Avril, et que celle au greffe a eu
lieu le vingt.

Extrait qui doit être affiché dans l'auditoire du tribunal.

DE PAR L'EMPEREUR ET ROI, LA LOI ET
JUSTICE.

*Vigne située sur le territoire de Besançon, à vendre
par saisie immobilière.*

LA saisie a été faite en vertu d'obligation

reçue de M, notaire à Besançon, le... enregistrée en ladite ville le... par R, qui a
reçu... par exploit de l'huissier K, du vingt-
huit Mars dernier, enregistré à Besançon,
le... par... qui a reçu, transcrit au bureau
de la conservation des hypothèques de ladite
ville, le huit Avril suivant, et au greffe du
tribunal de première instance de Besançon,
le vingt du même mois, à requête du sieur
Joseph A, négociant, demeurant à Besançon,
sur le sieur C, boulanger en la même ville,
le poursuivant ayant constitué pour occuper
pour lui le sieur B, avoué près le tribunal
de première instance de Besançon.

Le bien saisi et dont on poursuit la vente
est une vigne sise sur le teritoire de Besançon,
lieu dit à Trois-Châtel, arrondissement de
la justice de paix du Sud, et du tribunal
d'instance de Besançon. (1)

Cette vigne contient deux hectares vingt-un
ares cinquante-cinq centiares (cinquante ouvrées), elle touche de vent P, et de bise T,
elle est cultivée par E, qui en est fermier.

La première publication du cahier des
charges, aura lieu à l'audience du tribunal
de première instance, séant palais de justice
à Besançon, qui se tiendra à neuf heures du
matin, du huit Juin dix-huit cent onze.

Une copie de la saisie a été laissée à
M. D, maire de la ville de Besançon, une
autre à M. V, greffier de M. le juge de

_____

(1) Voyez ce qui est dit sur le mot *arrondissement*,
page et 29 suivantes.

paix de l'arrondissement du Sud de ladite ville.

Fait à Besançon, le vingt-deux Avril dix-huit cent onze. *Signé* R.

Cet extrait est entièrement conforme au prescrit de l'article 16 de cet ouvrage. On y trouve la date de la saisie et de ses enregistrements, les noms, professions et demeures du saisi et du saisissant, ceux de l'avoué constitué, les noms de l'arrondissement de la commune de l'objet saisi, l'indication du jour de la première publication qui se trouve avoir plus d'un mois et moins de six semaines à dater de la notification du placard à la partie saisie, comme le prescrit l'article 23 de cet ouvrage, puisque cette notification est faite le cinq Mai, comme on le voit ci-après, page 55, et que la première publication ne doit avoir lieu que le huit Juin. Il contient également les noms des maire et greffier auquel on a laissé copie de la saisie.

Verbal de dépôt au greffe, de l'extrait de la saisie.

Au greffe du tribunal de première instance de Besançon, et par-devant moi F, greffier audit tribunal, s'est présenté le sieur B, avoué en icelui, pour et au nom du sieur Joseph A, négociant, demeurant à Besançon, lequel nous a demandé acte du dépôt qu'il faisoit en ce greffe, de l'extrait de la saisie

immobilière faite à requête dudit sieur A sur
le sieur C, boulanger en ladite ville, pour
être affiché en l'auditoire du tribunal, conformément à la loi, de tout quoi il nous a
demandé acte, que nous lui avons octroyé,
en déclarant que ledit extrait sera par nous
affiché ce présent jour. Dont procès-verbal que
le comparant a signé avec nous, après lecture
faite au greffe dudit tribunal, le vingt-deux
Avril dix-huit cent onze. *Signé* B et F.

Il paroît, d'après l'article 682 du code
de procédure, que ce procès-verbal de
dépôt est inutile, puisque c'est le greffier
qui est tenu d'insérer cet extrait dans
le tableau placé dans la salle d'audience;
mais comme d'après l'article 104 du
tarif (1) c'est l'avoué poursuivant qui
doit faire cet extrait, et que les greffiers
ne peuvent recevoir de pièces en dépôt
sans en dresser procès-verbal, il devient
indispensable. On voit par sa date, que
l'extrait de la saisie est affiché dans les
trois jours de l'enregistrement de la
saisie au greffe, puisque cet enregistrement est du vingt Avril, et l'affiche
du vingt-deux.

Acte en dénonciation de la saisie à la partie saisie.

L'an mil huit cent onze, le vingt-quatre

---

(1) Article 104 du tarif. « Pour l'extrait de la saisie
» immobilière qui doit être inséré dans un tableau placé
» à cet effet dans l'auditoire. »

Avril, à la requête du sieur Joseph A, négociant, demeurant à Besançon, lequel fait élection de domicile en sa résidence, et encore en l'étude du sieur B, avoué près le tribunal de première instance, séant à Besançon, y demeurant, grande rue, n.º 745, qu'il constitue pour occuper pour lui cette part, je soussigné ..... ai signifié et copie délivré au sieur C, boulanger, demeurant à Besançon, en son domicile et parlant à .... 1.º de la saisie immobilière faite à requête dudit sieur A sur le sieur C, par exploit de l'huissier K, du vingt-huit Mars dernier, d'une vigne située à Trois-Châtel, territoire de Besançon ; 2.º des *visa* mis en bas par M. le maire de ladite ville et par le greffier de M. le juge de paix de l'arrondissement du Sud de la même ville ; 3.º des transcriptions faites au bureau des hypothèques de Besançon, le huit Avril dernier, et au greffe du tribunal de première instance de ladite ville, le vingt du même mois ; 4.º de mon présent exploit, le tout en bonne forme, avec déclaration que la première publication du cahier des charges aura lieu à l'audience du tribunal de première instance, séant palais de justice à Besançon, qui se tiendra à neuf heures du matin du huit Juin prochain, le requérant de s'y rencontrer, protestant de passer outre, tant en présence qu'absence.

Dont acte fait audit lieu, les an, mois et jour susdits; le coût est de.... Signé K.

Vu par nous....., maire de la ville de Besançon, conformément à l'article 681 du

code judiciaire. Donné à la mairie de Besançon, le vingt-quatre Avril 1811. Signé D.

Transcrit au bureau de la conservation des
hypothèques de Besançon, V... N.º... le
premier Mai 1811. Signé V.

La contexture de l'article 681 du code
de procédure, a donné lieu à une diver-
sité d'opinions : les uns pensent que
c'est la saisie réelle qui doit contenir
la date de la première publication du
cahier des charges ; d'autres , que c'est
la dénonciation de la saisie. M. le tribun
Tarible est de la première opinion dans
le nouveau Répertoire de jurisprudence,
verbo saisie immobilière ; mais cette
opinion ne peut se soutenir qu'à l'aide
d'une dispute grammaticale, tandis que
la seconde, que je partage , résulte de la
loi même. Les raisons sur lesquelles je
me fonde , sont :

1.º Que par l'article 675, le législateur
a fixé en entier les formalités que doit
contenir la saisie réelle , et qu'il n'y est
nullement parlé de la première publication ;

2.º Que cette formalité seroit impra-
ticable dans la saisie, parce que celle-ci
devant être transcrite au bureau des hypothèques, et le conservateur pouvant
n'avoir pas le moment de la transcrire
lorsqu'elle lui est remise, comme cela

est prévu par l'article 677, il seroit impossible, lors de la confection de cette saisie, de calculer sûrement les délais;

3.º Que c'est dans l'article concernant la dénonciation de la saisie, que le législateur a parlé de ce qu'elle devoit contenir la date de la première publication.

C'est aussi le sentiment de M. Pigeau, en son Commentaire sur le Code de procédure.

Cette dénonciation contient donc la date de la première publication; elle est visée par le Maire dans les vingt-quatre heures de sa date, et transcrite au bureau des hypothèques dans la huitaine, puisqu'elle est du vingt-quatre Avril, et transcrite le premier Mai.

C'est dans cette partie de la procédure, que doit être mis dans les journaux un extrait pareil à celui que l'on voit page 45, selon l'article 18 de cet ouvrage.

Un pareil extrait est imprimé en forme de placards, pour être affiché comme il sera dit ci-après; mais comme l'article 33 de cet ouvrage, § 2, veut que les additions qu'on est obligé de faire aux seconde et troisième appositions de placards soient manuscrites, attendu que si elles donnoient lieu à une réimpression de placards, ces frais n'entreroient point en taxe, il faut ajouter à la fin de cet extrait qui doit servir d'original, d'après l'article 106 du tarif (1), avant la date de l'extrait, ces phrases :

Les biens ci-dessus ont été mis à prix par le poursuivant, à la somme de........

L'adjudication préparatoire aura lieu à l'audience du tribunal de première instance de Besançon, du..... pour la somme de..... au sieur........

L'adjudication préparatoire a eu lieu à l'audience du tribunal de première instance de Besançon, du...., pour la somme de...., au sieur.....

L'adjudication définitive aura lieu à l'audience du tribunal de première instance de Besançon, qui se tiendra à neuf heures du matin du.........

Quoique la loi ne dise pas que cette minute sera enregistrée, je pense qu'il est bon de le faire faire, attendu que c'est un original de la procédure, et que tous les originaux doivent être soumis à la formalité de l'enregistrement.

Je dois m'expliquer sur l'interprétation trop rigoureuse, selon moi, que quelques tribunaux ont donnée et donnent encore au § 2 de l'article 703 du Code de procédure. Il prescrit, à la vérité, que si les additions qui doivent être faites

_____

(1) Art 106 du tarif, « Pour l'extrait de la saisie » immobilière qui doit être imprimé et placardé, et qui » servira d'original, et ne pourra être grossoyé. »

aux placards pour les adjudications préparatoires et définitives, donnoient lieu à
une réimpression , les frais de réimpression n'entreroient point en taxe ; delà,
plusieurs tribunaux ont pensé qu'ils ne
devoient jamais admettre en taxe les
frais d'une nouvelle réimpression. Il
me semble qu'interpréter ainsi cet article , c'est faire dire au législateur ce
qu'il n'a jamais pensé. Suivons-le dans
la loi entière , et nous y trouverons son
intention. Elle a été d'éviter les frais
autant que possible, tout en donnant
beaucoup de publicité à la procédure ;
il a ordonné qu'il y auroit trois appositions d'affiches : il a pensé que l'avoué
poursuivant connoissant le nombre
d'exemplaires qu'il lui falloit pour la
première apposition, pouvoit également
connoître celui dont il avoit besoin pour
les deux autres, c'est pourquoi il a proscrit les frais d'une seconde impression ;
mais si l'avoué peut prévoir les placards
qui lui sont nécessaires pour la poursuite
de la saisie réelle, il ne peut pas prévoir
les différents incidents qui interviendront,
qui pourront donner lieu à cinq ou six
appositions de placards au lieu de trois
que la loi l'oblige à faire. Si cela arrive,
quoiqu'ayant fait imprimer le nombre
de placards nécessaires à sa poursuite,

il se trouvera forcé de faire faire une réimpression. Ce cas est arrivé, et des tribunaux ont rejeté de la taxe les frais de cette réimpression. Je pense que c'est une erreur qu'ils ont commise, car si leur système étoit adopté, ce seroit justement tomber dans l'inconvénient que le législateur a voulu éviter, c'est à-dire la multiplicité des frais ; l'avoué qui poursuivroit une saisie réelle, pour ne pas courir le danger de voir des déboursés rester pour son compte, seroit forcé de faire imprimer le double ou le triple de placards qu'il ne lui en faudroit effectivement, et le tribunal d'admettre en taxe ces frais énormes faits en pure perte, sans aucun but ni utilité quelconque.

Verbal d'apposition de placards.

L'an mil huit cent onze, le quatre Mai, à la requête du sieur Joseph A, négociant, demeurant à Besançon, lequel fait élection de domicile en sa résidence, et encore en l'étude du sieur B, avoué près le tribunal de première instance, séant audit Besançon, y demeurant, grande rue, n.º 475, qu'il constitue pour occuper pour lui cette part, je soussigné . . . . . , certifie m'être exprès transporté sur les différentes places publiques, lieux et endroits de la ville de Besançon, désignés par l'article 684 du code judiciaire, où étant et accompagné du sieur J, afficheur, j'ai fait apposer par ce dernier des placards

imprimés conformes à celui que j'ai annexé
au présent procès-verbal d'affiche. Fait audit
lieu, les an, mois et jour susdits. Le coût
des présentes est de.... *Signé K.*

Vu par nous...., maire de la ville de
Besançon, conformément à l'article 687 du
code judiciaire. Donné à la mairie de Besançon, le quatre Mai mil huit cent onze.
Signé D.

Au bas d'un placard l'huissier met
cette déclaration.

Je soussigné, certifie avoir annexé le présent
exemplaire au procès-verbal d'apposition de
placards dans les lieux prescrits par la loi,
que j'ai rédigé le présent jour, et ce, pour
me conformer à l'article 685 du code judiciaire.
Besançon, le quatre Mai mil huit cent
onze. *Signé* D.

Acte en notification de placards à la partie saisie.

L'an mil huit cent onze, le cinq Mai, à
la requête du sieur Joseph A, négociant,
demeurant à Besançon, lequel fait élection
de domicile en sa résidence, et encore en
l'étude du sieur B, avoué près le tribunal
de première instance séant en ladite ville,
y demeurant, grande rue, n.° 745, qu'il
constitue pour occuper pour lui, je soussigné... ai signifié et copie délivré au sieur
C, boulanger, demeurant à Besançon, en son
domicile et parlant à..., 1.° du placard
imprimé annonçant la vente par saisie immobilière, d'une vigne située sur le territoire

de Besançon, lui appartenant ; 2.° d'un procès-verbal dressé par l'huissier K, constatant l'apposition desdits placards dans les lieux désignés par la loi, de son enregistrement, du *visa* mis au bas par M. D, maire de la ville de Besançon ; 3.° enfin de mon présent exploit, le tout en bonne forme, et afin que ledit sieur C n'en ignore. Dont acte fait audit lieu les an, mois et jour susdits. Le coût du présent exploit est de ..... *Signé* K.

Cahier de charges.

Pour la vente par saisie immobilière d'une vigne située sur le territoire de Besançon.

Entre le sieur Joseph A, négociant, demeurant à Besançon, agissant par le fait du sieur B,   oué près le tribunal de première instance   t à Besançon, demandeur en saisie imm ilière, en vertu d'acte obligatoire reçu de M, notaire à Besançon, enregistré le ..., par R, qui a reçu ...; ladite obligation souscrite par le sieur C, boulanger à Besançon, et portant la somme de dix mille francs.

Contre le sieur C, boulanger, demeurant à Besançon.

Par exploit de l'huissier K, du premier Janvier mil huit cent onze, enregistré à Besançon, le ..., par ..., qui a reçu ...; visé par M le maire de ladite ville, le même jour premier Janvier; il a été fait commandement à requête dudit sieur A au sieur C, de payer le   ontant des sommes portées en l'acte obligatoire ci-devant énoncé, sans préjudice d'autres dûs, droits et actions.

Par exploit du vingt-huit Mars mil huit cent onze, dudit huissier K, enregistré à Besançon, le . . ., par . . ., qui a reçu . . .; visé par le maire de la ville de Besançon, le même jour vingt-huit Mars, et par le greffier de M. le juge de paix de l'arrondissement du Sud de la même ville, aussi le même jour, transcrit au bureau de la conservation des hypothèques de Besançon, le huit Avril suivant, et au greffe dudit tribunal, le vingt du même mois d'Avril, il a fait saisir sur ledit sieur C, une vigne située sur le territoire de Besançon, lieu dit à Trois-Châtel; cette saisie a été dénoncée audit sieur C, par exploit de l'huissier K, du vingt-quatre Avril mil huit cent onze, enregistré à Besançon, le . . ., par . . ., qui a reçu . . .; visé par le maire de la ville de Besançon, ledit jour vingt-quatre Avril; transcrit au bureau de la conservation des hypothèques de Besançon, le premier Mai suivant.

Pour continuer les poursuites commencées, ledit sieur A a fait afficher un extrait de ladite saisie dans la salle dudit tribunal, suivant qu'il en conste par procès-verbal à la date du vingt-deux Avril dernier; et a fait apposer des placards annonçant la vente des objets saisis par exploit de l'huissier K, du quatre Mai dernier, enregistré à Besançon, le . . ., par . . ., qui a reçu . . .; visé par le maire de ladite ville, le même jour quatre Mai, et notifier un exemplaire de ce placard audit sieur C, par autre exploit de K, du cinq Mai mil huit cent onze, enregistré à

3*

Besançon, le ..., par ..., qui a reçu ...,
et le fera notifier aux créanciers inscrits dans
le délai prescrit par l'article 695 du code judiciaire, et à enchérit par le fait du sieur B,
son avoué, la propriété de ladite vigne,
aisances et dépendances, sans en rien excepter,
pour être prise par l'adjudicataire dans l'état
où elle se trouvera lors de l'adjudication, aux
charges et conditions suivantes :

1.º L'adjudicataire acquittera sans diminution du prix de l'adjudication, les sommes
qui pourront être dues sur ladite vigne, à
raison de toute espèce d'impositions, tant
pour le passé que pour l'avenir;

2.º Il souffrira toutes servitudes apparentes
ou non apparentes qui pourroient peser sur
les objets à vendre, sans recours ni garantie
contre le vendeur, sauf à l'acquéreur à s'en
défendre à ses frais;

3.º De payer au sieur B, avoué du poursuivant, et ce dans la huitaine de l'adjudication, tous les frais faits pour y parvenir,
sans aucune diminution du prix principal,
sur la simple signification de l'exécutoire qui
en sera décerné contre l'adjudicataire;

4.º De déposer dans la huitaine le prix
de son adjudication au bureau des consi-
gnations;

5.º De faire transcrire au bureau de la conservation des hypothèques de Besançon, et ce
dans le mois de ladite adjudication, et
d'acquitter sans aucune diminution de son
prix, le coût du jugement, les droits d'enregistrement et ceux de transcription, sans

pouvoir prendre possession desdits biens qu'après ladite transcription;

·6.º De faire signifier à ses frais, au poursuivant, en l'étude de son avoué, et au sieur C, partie saisie, copie du jugement d'adjudication, et mention de la transcription, que l'adjudicataire aura dû en faire faire, et ce dans les trois jours qui suivront la transcription ou l'expiration du délai dans lequel elle aura dû être faite;

7.º L'adjudication sera faite sans aucune garantie des mesures indiquées aux présentes, et le plus ou le moins restera à l'avantage ou au désavantage de l'adjudicataire;

8.º Faute par l'adjudicataire, de justifier dans les vingt jours de son adjudication de l'exécution des clauses et conditions exigibles, il sera procédé contre lui à la revente de ladite vigne, à sa folle-enchère, conformément à la loi.

La première enchère sera criée pour la somme de deux mille quatre cents francs, que le poursuivant offre pour sa mise à prix.

Désignation des biens à vendre.

Une vigne située sur le territoire de Besançon, arrondissement du juge de paix du Sud de ladite ville, et du tribunal d'instance y séant, lieu dit à Trois-Châtel, contenant deux hectares vingt-un ares cinquante-cinq centiares (cinquante ouvrées), touchant de vent P, et de bise T. Elle est cultivée par E qui en est fermier.

Fait à Besançon et remis au greffe du tribunal de première instance, séant en ladite

ville, le vingt-un Mai mil huit cent onze.
Signé B

Enregistré à Besançon, le vingt-un Mai
mil huit cent onze; reçu un franc dix centimes. *Signé* V.

A la suite, le greffier du tribunal
dresse l'acte de dépôt comme il suit :

L'an mil huit cent onze, le vingt-un
Mai, au greffe du tribunal de première
instance, séant à Besançon, département du
Doubs, par-devant le sieur O, greffier dudit
tribunal, a comparu le sieur B, avoué près
le même tribunal, y occupant pour le sieur
A, négociant, demeurant à Besançon, lequel
a demandé acte du dépôt qu'il a fait ce
présent jour, en notre greffe, du cahier des
charges sous lesquelles il poursuit, par-devant
ce tribunal, contre le sieur C, la vente par
saisie immobilière, d'une vigne située sur
le territoire de Besançon, lieu dit à Trois-
Châtel, appartenant audit sieur C; ce dépôt
fait pour se conformer au prescrit de l'article
697 du code judiciaire. Ce cahier de charges
en date du présent jour, enregistré le même
jour, duquel acte requis et octroyé, il a été
dressé le présent procès-verbal que le comparant a signé avec nous après lecture. A
Besançon, les an, mois et jour que devant.
Signé B, *avoué, et* O, *greffier.*

Le cahier des charges est en tout
conforme au prescrit de l'article 25 de
cet ouvrage. La première publication
devant se faire le huit Juin, il a été

déposé au greffe, le vingt-un Mai, par conséquent quinzaine avant cette publication. Il contient l'énonciation du titre en vertu duquel on poursuit, du commandement, de la saisie, ainsi que de tous les actes faits avant son dépôt; la désignation des objets saisis, telle qu'elle est dans le procès-verbal de saisie, les conditions de la vente, enfin la mise à prix.

Ici se présente une difficulté résultant de l'article 726 du code de procédure civile, qu'il est bon de résoudre.

Cet article nous dit : « si le débiteur » interjette appel du jugement en vertu » duquel on procède à la saisie, il sera » tenu d'intimer sur cet appel, et de » dénoncer et faire viser l'intimation » par le greffier du tribunal par devant » lequel se poursuit la vente, et ce, » trois jours au moins avant la mise » du cahier des charges au greffe, » sinon l'appel ne sera pas reçu, et » il sera passé outre à l'adjudication. »

Si l'on interprétoit cet article dans son sens rigoureux, et qu'on n'y cherchât pas la volonté du législateur, qui se fait connoître par l'article 697, pour peu que l'on veuille combiner ces deux articles, il seroit toujours loisible au poursuivant de priver la partie pour-

suivie de la faculté d'appeler. Pour
le prouver, je citerai cet exemple :

Supposons qu'un jugement contra-
dictoire et en premier ressort ait été
rendu le premier Janvier. Comme il ne
peut être exécuté dans la première
huitaine, selon le prescrit de l'article
450, on le signifie le dix Janvier, avec
commandement tendant à saisie immobilière : c'est seulement de ce jour que
court le délai d'appel; le demandeur
fait procéder à la saisie immobilière
le onze Février, la fait transcrire aux
hypothèques le douze, et au greffe le
treize; il la notifie le quatorze, fait
l'affiche le même jour, et dépose le
cahier des charges le lendemain quinze,
comme cela lui est permis par l'article
697, qui lui accorde la faculté de le
déposer sitôt que la procédure est en
état, et jusques et compris le seizième
jour antérieur à la première publication.

Je me demande : le défendeur qui
n'a pu avoir connoissance de la saisie
de ses biens que par la dénonciation
qui lui en a été faite, qui même auroit
des droits pour faire réformer le jugement qui auroit été rendu contre lui,
est-il privé du droit d'en appeler, par
le dépôt qui a été fait le quinze du
cahier des charges? et je ne crains pas
de répondre pour la négative.

Voici les raisons sur lesquelles je fonde mon opinion : lorsque le législateur a déclaré, par l'article 726, que l'appel seroit non recevable s'il n'étoit remis, dénoncé et visé trois jours avant la mise du cahier des charges au greffe, il n'a pas voulu tendre un piége au défendeur, ni rendre le demandeur maître du sort du premier, et ce seroit faire l'un et l'autre que de décider pour l'affirmative.

En effet, dans la supposition que je viens de faire, la saisie est notifiée au débiteur le quatorze ; il appelle du jugement en vertu duquel elle est faite, le quinze : il est encore dans le délai. Son adversaire qui craint à juste raison le résultat de cet appel, dépose son cahier de charges le seize, et par là il fera de lui même, par sa seule volonté, tomber cet appel, et en anéantira l'effet. Ce seroit une absurdité qui n'auroit pas d'exemple ; prêter une pareille idée au législateur, seroit lui faire injure : il est vrai qu'il est maître de modifier dans tel ou tel cas les règles générales. C'est ce qu'il a fait par l'article 726 ; celui qui ne s'y conforme pas doit subir la peine qu'il inflige : c'est le juste châtiment de tous ceux qui méconnoissent la loi ; mais comment les a-t-il modifiées ? C'est en prononçant par cet article, qu'en cas de saisie immobilière, le défendeur, au lieu d'avoir trois mois pour appeler du jugement en vertu duquel il est poursuivi, ne pourroit émettre son appel au plus tard trois jours avant la mise du cahier des charges au greffe, c'est-à-dire trois jours avant le délai fatal pour le déposer, ce qui se prouve en faisant la concordance de cet article avec celui 697. On voit que le législateur veut que la dénonciation de la saisie contienne la date de la première publication, que le cahier des charges soit déposé quinzaine avant le jour fixé pour cette publication, et que l'appel soit émis trois jours avant ce dépôt. Il a donc dit au défendeur : si la dénonciation de la saisie vous est faite le premier Janvier, portant que la première publication du cahier des charges aura lieu le huit Février, ce cahier de charges devant être déposé pour la validité de la procédure le vingt-trois Janvier, devant émettre votre appel trois jours avant ce dépôt, vous n'avez que jusques et compris le dix-neuf de ce mois pour l'interjeter; passé ce délai, vous serez non-recevable. Par cette interprétation naturelle, il n'y a plus de louche dans la loi, plus de reproche à faire au législateur; la partie saisie est prévenue pour la dénonciation de la saisie, du délai qu'elle a pour former

appel, et par l'article 697, de la peine
qu'elle encourt à défaut de s'y conformer. Si elle ne le fait pas, c'est sa faute
ou plutôt le manque de moyens, et un
homme acharné à poursuivre son adversaire, ne pourra pas le priver de la faculté
de l'appel qui lui est accordé par la loi,
ce que, dans le cas contraire, il pourroit
toujours faire, parce que le défendeur
appelant aujourd'hui, le demandeur dé-
poseroit le cahier des charges demain;
il s'ensuivroit nécessairement que le
défendeur n'auroit réellement pour appeler que les trente jours qui courrent
du commandement à la saisie, parce
que ce délai passé, son adversaire pourroit toujours paralyser son appel, par
le dépôt du cahier des charges. Ce
n'est pas là ce qu'a voulu le législateur.
Si telle avoit été son intention, il s'en
seroit expliqué; comme il a formellement prononcé le contraire dans l'article
726, il faut s'en tenir à la règle la plus
certaine, l'équité: c'est celle où je me
suis arrêté.

Je sais qu'on peut me dire: à l'appui
de votre opinion vous avez fait un rai-
sonnement inutile, inutile en ce que,
où la loi ne distingue pas vous ne pou-
vez pas distinguer; elle s'explique en
termes généraux, et d'après son sens

littéral, à quelqu'époque que le dépôt du cahier des charges soit fait, l'appel est non recevable s'il ne le précède pas de trois jours.

A cela je réponds que le principe est vrai, qu'aussi je ne fais point de distinction ; que je ne fais que d'expliquer un article de la loi qui pourroit paroître louche au premier coup-d'œil, par un autre article qui lui rend toute sa clarté ; que toutes les fois que la loi prise dans un sens rigoureux, pourroit donner lieu à des inconvénients tels que celui dont il s'agit, le juge et les jurisconsultes doivent toujours y chercher la justice : lorsqu'ils l'ont trouvé d'accord avec la loi, ils peuvent se flatter d'en avoir saisi le véritable sens , parce qu'elle ne veut jamais rien que de juste , et qu'elle n'a été portée que pour éviter les détours de la chicane et les surprises que pourroit faire un plaideur de mauvaise foi.

Notification du placard aux créanciers inscrits.

L'an mil huit cent onze , le vingt-huit Mai, à la requête du sieur Joseph A, négociant, demeurant à Besançon, lequel fait élection de domicile en sa résidence , et encore en l'étude du sieur B, avoué près le tribunal de première instance, séant en ladite ville, y demeurant, grande rue, N.°745, qu'il constitue pour occuper pour lui cette part; je soussigné...., certifie m'être exprès transporté au domicile du sieur E, pharmacien à Besançon, élu par l'inscription du sieur F, négociant à Lyon, où étant et parlant à.....

Au domicile du sieur G, demeurant à Besançon, élu par l'inscription du sieur N, perruquier, demeurant à Vesoul, où étant et parlant à....

J'ai, auxdits sieurs F et N, notifié un exemplaire-imprimé du placard annonçant la vente, par saisie immobilière, d'une vigne située sur le terroir de Besançon, lieu dit à Trois-Châtel, appartenant au sieur G, boulanger à Besançon, ainsi que le jour de la première publication du cahier des charges, qui aura lieu le huit Juin prochain, le tout afin qu'ils n'en ignorent. Auquel effet j'ai, aux ci-devant nommés, aux domiciles et parlant comme devant, signifié et laissé copie de mon présent exploit, et l'exemplaire imprimé ci-devant énoncé. Fait audit lieu, les an, mois et jour susdits, le coût est de... Signé K.

La première publication du cahier des charges ayant lieu le huit Juin, la notification ci dessus étant faite le vingt-huit Mai, elle a eu lieu huit jours avant cette publication, suivant le prescrit de l'article 27 de cet ouvrage.

Cette notification, d'après l'article 28, doit être enregistrée au bureau des hy-

pothèques, le délai dans lequel cet enre-
.gistrement doit être fait, n'est pas prescrit, mais pour que la procédure soit
en règle, il faut le faire faire avant la
première publication.

Enregistrement au bureau des hypothèques, du procès-verbal de notification des placards aux créanciers.

La présente notification de placards aux
créanciers inscrits, a été enregistrée au bureau
de la conservation des hypothèques de Besançon, le six Juin mil huit cent onze. Signé
V.

Première publication du cahier de charges.

L'an mil huit cent onze, le huit Juin, à
l'audience du tribunal de première instance
de Besançon, présents Messieurs, A, président, B et C, juges, D, procureur impérial, et U, greffier dudit tribunal ; sur la
demande du sieur Joseph A, négociant à
Besançon, comparant par le fait du sieur B,
avoué en ce tribunal, qui occupe pour lui
la vente, par saisie immobilière, d'une vigne
située sur le territoire de Besançon, lieu dit
à Trois-Châtels, appartenant au sieur C, a
été annoncé, et lecture du présent cahier des
charges a été faite à haute et intelligible
voix par l'huissier de service, déclarant que
la seconde publication aura lieu à l'audience
des criées dudit tribunal, du vingt-deux du
courant, dont procès-verbal qui a été signé

par le président et le greffier. A Besançon,
les an , mois et jours susdits. Signé A et O.

La seconde publication est de même
que la première ; elle annonce le jour
de la troisième, qui doit être le six Juillet. La troisième est aussi semblable ;
elle contient l'époque à laquelle doit être
faite l'adjudication préparatoire.

Malgré que les procès-verbaux de publication ci-dessus, soient faits, comme
on peut le remarquer, de quatorze en
quatorze jours, puisque le premier est du
huit Juin et le second du vingt-deux, qui
est le quatorzième jour, de même pour
le troisième, ils sont cependant conformes au prescrit de l'article 32 de cet
ouvrage.

En effet, on remarque que le premier
procès-verbal est du mercredi de la
seconde semaine de Juin, le second du
mercredi de la quatrième, et le troisième de la première semaine de Juillet,
ce qui les rend conformes à la loi, d'après
ce que le législateur nous dit lui-même
dans l'exposé des motifs de la loi, par
Monsieur le conseiller d'Etat Réal, page
213 de l'édition in-12.

« Il a paru superflu de faire un article
» pour expliquer que par ces mots de
» quinzaine en quinzaine, on entend ce
» qui se pratique journellement, c'est-à-

» dire, que la publication faite, par
» exemple, un des jours de la première
» semaine du mois, doit être renouvelée
» à pareil jour de la troisième semaine, »
dit ce législateur.

Comme la loi ne fixe pas le délai qu'il
doit y avoir entre la troisième publication
du cahier des charges et l'adjudication
préparatoire, qu'elle dit seulement, article 703, que huit jours au moins avant
cette adjudication, outre un jour par
huit myriamètres de distance entre le
lieu de la majeure partie des biens saisis et celui où siége le tribunal, il sera
inséré dans un journal, ainsi qu'il est
dit en l'article 18 de cet ouvrage, de nouvelles annonces, les mêmes placards
seront apposés aux endroits désignés en
l'article 19. La troisième publication du
cahier des charges ayant eu lieu le mercredi de la première semaine de Juillet,
l'adjudication préparatoire ne pourra être
faite que le mercredi de la troisième semaine, qui est le vingt. On voit par le
procès-verbal d'affiche ci-après, qu'il est
fait plus de huit jours avant cette adjudication ; il faut aussi faire les annonces
dans les journaux, conformément à l'article 18 de cet ouvrage.

*Placard annonçant l'adjudication prépara-
toire.*

Il doit être conforme à celui que l'on

voit page 45; mais il faut ajouter au bas du manuscrit, suivant l'article 33 ·de cet ouvrage, ces phrases :

La vigne ci-dessus a été mise à prix par le poursuivant, à la somme de deux mille quatre cents francs.

L'adjudication préparatoire aura lieu à l'audience du tribunal de première instance, séant au palais de justice de Besançon, qui se tiendra à neuf heures du matin du vingt Juillet mil huit cent huit.

Procès-verbal d'apposition de placards.

Ce procès-verbal doit être fait dans la même forme que celui que l'on voit page 54, et visé de même; il doit être fait huit jours avant celui indiqué pour l'adjudication préparatoire.

Au bas d'un placard imprimé, l'huissier met le certificat qui se trouve page 55.

Jugement qui déclare nulle une saisie immobilière.

POINTS DE FAITS.

Le sieur A, créancier du sieur C, en vertu d'acte obligatoire reçu de M, notaire à Besançon, le. . . . enregistré en ladite ville le . . . par R, qui a reçu. . . . . d'une somme de dix mille francs en principal, et cinq cents francs en intérêts, a, pour se procurer le remboursement de cette somme, fait faire commandement audit sieur C, par exploit

du premier Janvier dernier, visé et enregistré
le même jour, et le vingt-huit Mars suivant
il 'a fait saisir immobilièrement la vigne
énoncée au cahier des charges ci-dessus,
appartenant audit sieur C, pour être vendue
devant ce tribunal, après l'accomplissement
des formalités voullues par la loi.

POINTS DE DROIT.

La saisie dont il s'agit doit-elle être déclarée valable ou être annulée?

Sur quoi, considérant que le cahier des
charges déposé au greffe de ce tribunal, ne
contient que l'énonciation du titre en vertu
duquel la saisie a été faite, du commandement et de la saisie, et non celle de la notification de la saisie, de l'apposition des placards et de leur notification; que cependant
l'article 697 du code judiciaire veut qu'il com-
prenne, non seulement ces énonciations, mais
encore celles de tous les actes et jugements
qui ont été faits ou rendus jusqu'à son dépôt
au greffe; que l'article 717 du même code,
prononce la nullité de la procédure, en cas
d'inobservation des formalités prescrites par celui 697.

Par ces considérations, parties comparantes
ouïes, et M. E, procureur impérial, près ledit tribunal, en ses conclusions, le tribunal
donne défaut contre les sieurs E et F, créanciers inscrits; faute par eux de comparoître,
et pour le profit, déclare la saisie nulle et de
nul effet, et condamne le sieur A aux dépens.

Fait et jugé à l'audience du tribunal de première instance de Besançon, le vingt Juillet 1811, par M. A, président, B et C, juges en icelui.

Ce jugement est en tous points conforme à l'article 141 du code judiciaire; il contient les points de fait et de droit ainsi que les noms des juges et du procureur impérial qui y ont assisté.

Avant que de pouvoir relever ce jugement, je pense qu'il faut signifier les qualités, conformément à l'article 142 du même code, qui parle des jugements en général, sans aucune exception. Ces qualités doivent contenir seulement les noms et professions des parties, ainsi que leurs demeures, les conclusions du demandeur tendantes à la validité de l'expropriation, et celles du défendeur tendantes à la nullité, avec les points de faits et de droit, sans transcrire le cahier des charges. Ces conclusions doivent, avant de plaider, être remises au greffier, conformément à l'article 33 du décret impérial du 30 Mars 1808 (1). Le greffier trans-

_____

(1) Article 33 du décret impérial du 30 Mars 1808.
« Dans toutes les causes, les avoués, avant d'être admis à requérir défaut ou à plaider contradictoirement remettront au greffier de service à l'audience, leurs conclusions motivées et signées d'eux, avec le numéro du rôle d'audience de la chambre.

4

crit ces conclusions sur le cahier des
charges avant que d'y mettre le jugement
soit de rejet de la procédure, soit d'adjudication préparatoire.

Jugement qui ordonne l'adjudication prépa-
ratoire.

Les points de faits et de droit sont
les mêmes.

Le tribunal, ouï le demandeur comparant
pour l'avoué B, et M. E, procureur impérial,
donne défaut contre les autres parties qui
ne comparoissent ni personne de leur part,
et pour le profit, vu les secondes annonces faites
dans le journal de Besançon, sous le N.° 34,
vu également le procès-verbal du huit de ce
mois, constatant la seconde apposition des
placards dans lesquels l'adjudication préparatoire a été fixée à ces présents jours, lieu et
heure, lesdits actes en bonne forme, le tribunal ordonne la publication du cahier des
charges ci-dessus, pour être de suite procédé
à la réception des enchères sur la mise à prix
de deux mille quatre cents francs.

En conséquence, et après la lecture du
cahier des charges, qui a été faite à haute et
intelligible voix par l'huissier de service, il a

» Lorsque les avoués changeront les conclusions par
eux déposées, ou qu'ils prendront sur les causes des
conclusions nouvelles, ils seront tenus également d'en
remettre les copies signées d'eux, au greffier qui les
portera sur les feuilles d'audience. »

été allumé successivement plusieurs bougies, comme il suit :

Une première bougie allumée, le sieur D, avoué, a porté la vigne dont il s'agit à la somme de deux mille cinq cents francs.

Cette bougie s'étant éteinte sans nouvelles enchères, deux autres bougies ont été successivement allumées et se sont aussi éteintes sans enchères.

Pourquoi le tribunal, ouï de nouveau M. E, procureur impérial, a adjugé et adjuge provisoirement au sieur D, avoué, la vigne ci-devant énoncée, pour la somme de deux mille cinq cents francs, sous les clauses et conditions énoncées au cahier des charges, et sauf l'adjudication définitive que le tribunal fixe au vingt-huit Septembre prochain.

Fait et jugé à l'audience du tribunal de première instance de Besançon, du vingt Juillet mil huit cent onze.

Ce jugement se met sur le cahier des charges, ensuite des conclusions qui doivent être transcrites comme il est dit page 73.

Ce jugement contient la fixation du jour pour l'adjudication définitive, selon le prescrit de l'article 49 de cet ouvrage ; il se trouve être à soixante-huit jours, comme le veut l'article 50.

Lorsqu'il y a eu des nullités de proposées avant l'adjudication préparatoire, et qu'elles ont été rejetées, l'avoué du poursuivant, doit, pour son intérêt,

4..

relever ce jugement et le faire signifier
à avoué, pour que le délai de quinzaine
accordé par l'article 734 du code de procédure, à dater de cette signification pour
interjeter appel courre, et afin d'éviter
les frais qu'il pourroit mal à propos faire
pour parvenir à l'adjudication définitive,
dont il est passible d'après l'article 1031
du même code (1).

La signification du jugement à avoué,
remplaçant, dans ce cas, celle à partie,
puisqu'elle fait courir le délai d'appel,
elle ne doit pas être simplement faite
par « *signifiée et copie délivrée à l'avoué
un tel,* » il faut qu'il y soit fait mention
de la personne à la requête de laquelle
elle est faite ; cela a été ainsi jugé avec
raison par arrêt de la cour d'appel de
Bordeaux, du 23 Janvier 1811, rapporté
au journal de Denevers, page 122 du sup-
plément.

La cour de cassation a aussi décidé
une question très-importante, par arrêt

_____

(1) Article 1031. « Les procédures et les actes nuls
ou frustratoires, et les actes qui auront donné lieu à
une condamnation d'amende, seront à la charge
des officiers ministériels qui les auront faits, lesquels,
selon l'exigence des cas, seront en outre passibles des
dommages et intérêts de la partie, et pourront même
être suspendus de leurs fonctions. »

du 1.er Mai 1811, rapporté au même journal, page 245, qui est que la sentence
d'adjudication provisoire ne peut plus
être attaquée par la voie de la cassation
après l'adjudication définitive, si, lors de
cette dernière adjudication, le saisi n'a
pas manifesté l'intention de l'attaquer.

Acte d'appel d'un jugement qui a prononcé
sur les nullités antérieures à l'adjudica-
tion définitive.

L'an mil huit cent onze, le vingt-huit Juillet, à la requête du sieur C, boulanger, demeurant à Besançon, lequel fait élection de
domicile en sa résidence et encore en l'étude
du sieur L , avoué près la cour impériale
séant à Besançon, y demeurant, grande rue,
N.° 708, qu'il constitue pour occuper pour lui
cette part; je soussigné. . ., ai donné assignation
au sieur A , négociant, demeurant à Besançon,
en son domicile et parlant à . . . . ., à être
et comparoître dans les délais, aux peines et
à la forme du code judiciaire, par-devant
Messieurs les président et conseillers de la
cour impériale, séant palais de justice, à Besançon, procéder et aller avant sur l'appel
que ledit sieur C interjette par les présentes,
de la sentence rendue contre lui, au tribunal
de première instance de Besançon, le vingt
Juillet dernier, dans la cause en saisie immobilière y pendante entre les parties, pour
les torts et griefs qu'il en ressent et qu'il dé-
duira dans les délais prescrits par la loi.

Auquel effet j'ai audit sieur A, au domicile et parlant comme devant, signifié et délivré copie de mon présent exploit. Fait audit lieu, les an, jour et mois susdits; le coût est de.... Signé N.

Acte en notification, au greffier du tribunal, de l'acte d'appel

L'an mil huit cent onze, le vingt-sept Juillet, à la requête du sieur C, boulanger, demeurant à Besançon, lequel fait élection de domicile en sa résidence, et encore en l'étude du sieur L, avoué près la cour impériale, séant à Besançon, y demeurant, grande rue, N. 708, qu'il constitue pour occuper pour lui cette part; je soussigné... ai signifié et copie délivrée au sieur O, greffier du tribunal de première instance, séant à Besançon, en son greffe, sis palais de justice de ladite ville, et parlant à sa personne:

1.° De l'acte d'appel interjeté par ledit sieur C, par exploit de l'huissier soussigné, du jour d'hier, dûment enregistré, d'une sentence rendue contre lui audit tribunal, le vingt du courant, dans la cause en saisie immobilière y pendante entre lui ledit sieur C, et le sieur A, négociant à Besançon; 2.° de mon présent exploit, le tout afin qu'il n'en ignore, l'ayant invité, et au besoin requis d'apposer son visa au bas de l'acte d'appel ci-devant énoncé, lequel je lui ai présenté en original à cet effet.

Dont acte fait audit lieu, les an, jour et mois susdits; le coût est de.....Signé N.

L'acte d'appel doit être notifié au greffier du tribunal d'instance, par un exploit
séparé ; c'est le résultat de l'article 29
du tarif, page 12, édition in-quarto, où
il est dit : « De la notification au gref-
» fier de l'appel du jugement qui aura
» statué sur les nullités proposées en
» saisie immobilière. » J'ai dit, doit être
notifié au greffier du tribunal d'instance ;
quoique l'article 35 de cet ouvrage n'explique pas si c'est à ce greffier ou à celui de la cour impériale que l'acte doit
être notifié, je pense que c'est à celui
d'instance : la raison en est, que l'appel
étant suspensif selon le prescrit de l'article 457 du code de procédure, le but
du législateur n'a pu être autre, en près-
crivant le visa de l'acte d'appel par le
greffier, que de donner connoissance au
tribunal de première instance de l'existence de cet acte, afin qu'il ne soit pas
donné suite à la saisie immobilière,
avant qu'il n'ait été statué sur l'appel, et
j'appuie mon opinion de l'article 26 de
cet ouvrage.

Au bas de l'acte d'appel le greffier met
son visa en ces termes :

Vu par nous O , greffier du tribunal de première instance de Besançon, l'acte d'appel
ci-dessus, conformément à l'article 734 du
code judiciaire, déclarant que l'huissier exé-

cuteur m'en a notifié une copie entière. Besançon, le vingt-sept Juillet 1811. Signé O.

Placard annonçant l'adjudication définitive.

Il doit être conforme à celui que l'on
voit page 45, il doit contenir aussi l'addition qui est page 71, et ensuite mettre
ces phrases :

L'adjudication préparatoire a eu lieu à
l'audience du tribunal de première instance
de Besançon, du vingt Juillet dix — huit
cent onze, pour la somme de deux mille
cinq cent francs, au sieur D, avoué en ce
tribunal.

L'adjudication définitive aura lieu à l'audience du tribunal de première instance de
Besançon, qui se tiendra à neuf heures du
matin du vingt-huit Septembre mil huit cent
onze.

Procès-verbal d'apposition de placards.

Ce procès-verbal doit être dans la même
forme que celui qui est page 54, et visé
de même.

Au bas d'un exemplaire imprimé, l'huissier met le certificat qui se trouve
page 55.

L'article 36 de cet ouvrage voulant
que les nouveaux placards soient apposés dans la quinzaine de l'adjudication
préparatoire, il doit être fait au plus
tard le quatre Août, l'adjudication préparatoire étant du vingt Juillet.

Il faut aussi, dans la même quinzaine, insérer ce placard dans le journal. Cette insertion doit être justifiée comme il est dit aux articles 18 et 37 de cet ouvrage.

Requête en distraction de l'objet saisi.

A Messieurs Messieurs les président et juges du tribunal de première instance, séant à Besançon :

Expose le sieur P , traiteur en ladite ville, que le sieur A , négociant en la même ville, a fait saisir réellement, par exploit du vingt-huit Mars dernier, sur le sieur C , boulanger en la même ville, une vigne sise sur son territoire, lieu dit à Trois-Châtel, qui a été adjugée provisoirement au sieur D , avoué en ce tribunal, le vingt Juillet dernier, pour la somme de deux mille cinq cents francs.

Cette vigne n'appartient point au sieur C , mais bien à l'exposant , pour l'avoir achetée du sieur R , suivant qu'il est justifié par contrat reçu de N, Notaire à Besançon , le.... enregistré en ladite ville, le .... par R, qui a reçu ....lequel sera déposé en votre greffe, en conformité de la loi ; c'est pour obtenir la distraction de cette vigne de la saisie immobilière dont il s'agit, qu'il recourt,

A ce qu'il vous plaise, Messieurs , sans vous arrêter ni avoir égard à la saisie dont il s'agit, en ce qui concerne la vigne ci-devant énoncée , ordonner que la radiation en sera faite en marge de la transcription qui a eu lieu de ladite saisie, soit au bureau des hy-

pothèques, soit en votre greffe, et condamner
le sieur A aux dépens;

Du moins ordonner que pour l'entendre
ainsi prononcer, toutes parties viendront
à l'audience, et ferez justice. Signé L, avoué.

Au bas de cette requête le président ou
le juge le remplaçant, met cette réponse:

Viennent parties à l'audience. Besançon,
le 15 Août 1811.

Procès-verbal de dépôt au greffe des titres
justificatifs.

L'an mil huit cent onze, le quinze Août,
u greffe du tribunal de première instance,
ant à Besançon, et par-devant moi O,
greffier en ce tribunal, est comparu le sieur
P, traiteur, demeurant en ladite ville, par
le fait du sieur L, avoué en ce tribunal,
lequel a dit que son intention étoit de se
pourvoir en distraction d'une vigne sise à
Trois-Châtel, territoire de Besançon, comprise par erreur dans la saisie immobilière
faite par exploit du vingt-huit Mars dernier,
à requête du sieur A, négociant à Besançon, sur le sieur C, boulanger en la même
ville, et pour se conformer à l'article 728 du
code de procédure civile, il déposoit entre
nos mains un contrat portant vente de ladite
vigne à son profit, par le sieur R, reçu de
N, notaire à Besançon, le..... enregistré
en ladite ville, le....., par R, qui a reçu
......, duquel dépôt il nous a demandé
acte qui lui a été accordé; dont procès-ver-

bal qui a été signé par le comparant et le greffier, après lecture.

Fait à Besançon, les an, mois et jour susdits. Signé L et O.

Ces deux actes sont conformes aux articles 38 et 39 de cet ouvrage. Il faut avant que de faire signifier la requête, que le poursuivant prenne une expédition du procès-verbal de dépôt, pour en donner copie, conformément à l'article 39, ci-devant cité.

Acte en dénonciation d'audience à avoué.

A la requête du sieur L, avoué près le tribunal de première instance séant à Besançon, qui se constitue par les présentes pour occuper pour le sieur P, traiteur, demeurant en ladite ville, sur la demande en distraction contenue en la requête ci-après énoncée.

Soit signifié et déclaré au sieur B, avoué près le même tribunal, occupant pour le sieur A, négociant, demeurant à Besançon, partie saisissante,

Au sieur K, avoué près le même tribunal, occupant pour le sieur F, négociant, demeurant à Lyon, premier créancier inscrit au bureau des hypothèques de Besançon, sur le sieur C, boulanger en ladite ville.

Et au sieur D, avoué près ledit tribunal, en qualité d'adjudicataire provisoire d'une vigne sise lieu dit à Trois-Châtel, dont la vente, par saisie immobilière, est poursuivie à requête du sieur A, négociant à Besançon, sur le sieur C, boulanger en ladite ville, que pour faire prononcer sur le mérite de la requête en distraction de la vigne saisie immobilièrement par exploit du vingt-huit Mars dernier, sur le sieur C, boulanger à Besançon ; à la requête du sieur A, négociant en la même ville. Il fera porter et plaider la cause à l'audience du tribunal de première instance, séant palais de justice en ladite ville ; qui se tiendra le vingt-huit du courant, requérant etc., protestant etc., dont acte signé L.

Signifié et copie délivrée tant des présentes que de la requête y énoncée, et de l'acte du dépôt des titres, fait au greffe du tribunal de première instance de Besançon, le quinze Août dernier, aux avoués B, K et D, pour leurs parties, en leurs études et parlant à leurs clercs. Besançon, le premier Septembre mil huit cent onze. Signé Q.

act Ae n dénonciation d'audience aux parties qui n'ont pas avoués.

L'an mil huit cent onze, le premier Septembre, à la requête du sieur P., traiteur, demeurant à Besançon, lequel fait élection de domicile en sa résidence en ladite ville, et encore en l'étude de L., avoué près le tribunal de première instance, séant en la même ville, y demeurant, rue Saint-Vincent, N.° 804, qu'il constitue pour occuper pour lui cette part, je soussigné. . . .

Ai signifié et copie délivrée au sieur C., boulanger, demeurant à Besançon, en son domicile et parlant à . . ., d'une requête présentée au tribunal de première instance, séant en ladite ville, le quinze du mois dernier, dû-

ment enregistrée, contenant demande en distraction de la vigne saisie immobilièrement
sur lui, à requête du sieur A, négociant,
demeurant en la même ville, par exploit du
vingt-huit Mars dernier, ainsi que de l'acte
de dépôt des titres justificatifs de la propriété
de ladite vigne ; fait au greffe dudit tribunal,
ledit jour quinze Août, avec déclaration que,
pour faire prononcer sur le mérite de ladite
requête, il fera porter et plaider la cause à
l'audience dudit tribunal, qui se tiendra à
neuf heures du matin du vingt-huit Septembre
prochain ; le requérant d'avoir à s'y rencontrer,
protestant d'y obtenir jugement, tant en présence qu'absence.

Auquel effet j'ai, audit sieur C, au domicile et parlant comme devant, signifié et délivré copie de mon présent exploit. Fait audit
lieu, les an, mois et jour susdits. Le coût est
de. . . . Signé Z.

On voit que cette procédure est conforme aux articles 38 et 39 de cet ouvrage.
Elle est introduite contre le saisissant,
la partie saisie, le créancier premier inscrit, et l'avoué adjudicataire provisoire.
Copie du procès - verbal du dépôt des
titres justificatifs de la propriété, est
donnée avec la requête en distraction.

Malgré que cet article 38 porte, que
la demande en distraction sera formée
contre l'adjudicataire provisoire, ce qui
pourroit faire présumer que cette demande ne peut être intentée qu'après

cette adjudication , je pense qu'un particulier duquel on a compris des fonds
dans une saisie immobilière , n'est pas
obligé d'attendre que l'adjudication provisoire ait eu lieu pour former la reven-
dication. On ne peut pas présumer au
législateur , sans lui faire injure , l'intention de priver un propriétaire de la jouis-
sance de sa propriété , pendant le délai
qui doit courir depuis une saisie immobilière jusqu'après l'adjudication provisoire ; mais qu'il peut la former sitôt
qu'il a connoissance de la saisie , cependant toujours en observant les formalités prescrites par les articles 38 et 39
ci-devant rappelés. Seulement , dans ce
cas , la demande en distraction ne se
forme que contre le saisissant , la partie
saisie , et le premier créancier inscrit.

Il est bon de remarquer encore, que si
le poursuivant étoit premier créancier
inscrit, pour que le but de la loi fût
rempli , il faudroit poursuivre la demande en distraction contre le second
créancier inscrit , sans quoi la procédure
seroit nulle.

*Jugement qui prononce la distraction des
objets saisis.*

POINTS DE FAITS.

Le demandeur se prétend propriétaire de la

vigne saisie réellement par exploit du vingt-
huit Mars dernier, sur le sieur C, boulanger,
demeurant à Besançon, à requête du sieur A,
négociant en la même ville, en vertu de contrat reçu de N, notaire en ladite ville, le.....
dûment enregistré; il s'est pourvu pour faire
prononcer la distraction de cette vigne de ladite
saisie, par requête du quinze Août dernier,
dûment signifié à avoué et partie, par exploit
du premier du courant, dûment enregistré.

POINTS DE DROITS.

Doit-on ordonner la distraction de la vigne
dont il s'agit, de la saisie immobilière ci-
devant énoncée, et ordonner la radiation de
ladite saisie au bureau des hypothèques et au
greffe de ce tribunal?

Sur quoi, considérant que le demandeur a
justifié par titre authentique, que la vigne
comprise en la saisie dont il s'agit lui appar-
tenoit, et que c'est mal à propos que le sieur
A l'a fait saisir réellement, que sa procédure
est conforme aux articles 727 et 728 du code
de procédure civile;

Par ces motifs, le tribunal, parties ouïes,
et Monsieur E, procureur impérial, sans avoir
égard ni s'arrêter à la saisie immobilière
énoncée en présentation, laquelle est regardée
comme nulle et non avenue, a ordonné et
ordonne que la radiation en sera faite par le
conservateur des hypothèques de Besançon,
sur la présentation qui lui sera faite du présent jugement, dont mention sera aussi faite
sur le registre en marge de la transcription de

ladite saisie ; ordonne également que pareille radiation sera faite au greffe de ce tribunal, et condamne le sieur A aux dépens de la présente instance.

Fait et jugé au tribunal de première instance de Besançon, le vingt-huit Septembre mil huit cent onze. Signé A , président , et O , greffier.

Jugement qui rejette la demande en distraction.

Les points de faits et de droit sont les mêmes que ceux ci-dessus , seulement à la fin des points de faits il faut ajouter :

D'un autre côté, le sieur A a justifié que la vigne dont il s'agit appartient réellement au sieur C, partie saisie , pour l'avoir acquis du sieur R , par contrat reçu de V , notaire à Besançon , le. . . . dûment enregistré , lequel contrat est antérieur de six mois à celui fait par ledit sieur R au demandeur.

Sur quoi, considérant qu'il est justifié au procès que la vigne revendiquée appartient au sieur C, partie saisie ;

Par cette considération , le tribunal, parties ouïes , et Monsieur E, procureur impérial , déboute le demandeur de son action en distraction , et le condamne aux dépens envers toutes parties , en lui réservant ses droits et actions contre le sieur R , son vendeur , pour les exercer comme et quand il trouvera convenir, défenses au contraire.

Fait et jugé à l'audience du tribunal de première instance , séant à Besançon , du

vingt-huit Septembre mil huit cent onze.
Signé A , président, et O , greffier.

Ces jugements ne se mettent pas à
la suite du cahier des charges ; ils sont
rédigés sur les qualités qui sont signifiées
par l'avoué qui veut les relever, conformément à l'article 141 du code de procédure.

L'acte d'appel de ces jugements doit
être fait dans la même forme que celui
qui se voit page 110. Il doit être notifié
dans la quinzaine du jour de la signification du jugement, à personne ou domicile, d'après le proscrit de l'article 41
de cet ouvrage ; ainsi, en supposant que
le jugement eût été signifié le trente
Septembre , il faut que l'appel soit interjeté au plus tard le quatorze Octobre suivant. Cet appel ne se vise pas par le
greffier, ni ne lui est notifié.

Si une des publications de l'enchère
est retardée par un incident , on ne peut
y procéder qu'après une nouvelle apposition ds placards et nouvelles annonces
dans le journal. C'est le vœu de l'article
43 de cet ouvrage.

Requête pour faire prononcer sur les moyens
de nullité postérieurs à l'adjudication provi-
soire.

A Messieurs Messieurs les président et

juges du tribunal de première instance, séant à Besançon,

Expose le sieur C, boulanger en ladite ville,

Que le sieur A, négociant en la même ville, poursuit par-devant vous la vente par saisie immobilière d'une vigne sise lieu dit à Trois Châtel, appartenant à l'exposant, de laquelle l'adjudication provisoire a été prononcée par votre jugement du vingt Juillet dernier, en faveur du sieur D., avoué en ce tribunal.

Pour mettre à même le tribunal de prononcer l'adjudication définitive, le poursuivant auroit dû, conformément à l'article 704 du code judiciaire, insérer dans les journaux de nouvelles annonces, et ce, dans les quinze jours de l'adjudication préparatoire, ce qui n'a point été fait, puisque cette adjudication est du vingt Juillet dernier, et que cette annonce est dans le journal daté du cinq du courant ; le mois de Juillet ayant trente-un jours, l'annonce ne se trouve faite que le seizième. L'article 717 du code de procédure, prononçant la nullité de la saisie immobilière, faute d'observation des formalités prescrites par l'article 704, l'exposant recourt,

A ce qu'il vous plaise, Messieurs, déclarer la saisie immobilière dont il s'agit, nulle, lui en donner main-levée, et condamner le sieur A aux dépens ; sous la soumission que fait l'exposant de fournir bonne et suffisante caution, conformément au § 1.er de l'article 2 du décret impérial du deux Février mil huit cent onze ;

Du moins ordonner que pour l'entendre ainsi prononcer, toutes parties viendront à l'audience. Signé H, avoué.

En marge de cette requête, le président ou le juge qui le remplace met cette réponse.

Viennent parties à l'audience. Besançon, le premier Août mil huit cent onze. Signé A, président.

A venir à l'audience.

A la requête de H, avoué près le tribunal de première instance, séant à Besançon, qui se constitue par les présentes, pour occuper, pour le sieur C, boulanger, demeurant en ladite ville, dans l'instance en saisie immobilière qu'il a pendante par-devant ledit tribunal, contre le sieur A, négociant en la même ville ;

Soit signifié et déclaré au sieur B, avoué audit tribunal, occupant pour ledit sieur A ;

Et au sieur D, aussi avoué près le même tribunal, en qualité d'adjudicataire provisoire de la vigne comprise en ladite saisie :

Que pour faire prononcer sur le mérite de la requête en nullité de la saisie immobilière ci-devant énoncée, il fera porter et plaider la cause à l'audience du tribunal de première instance de Besançon, y séant palais de justice, qui se tiendra à neuf heures du matin du vingt-six du courant ; les requérant d'avoir à s'y rencontrer, protestant d'y obtenir jugement, tant en présence qu'absence ; leur déclarant encore que ledit sieur C, pour se conformer aux

dispositions de l'art. 2, § 1.ᵉʳ du décret impérial
du deux Février dernier, offre pour caution
du payement des frais résultants de l'incident,
la personne du sieur P, demeurant à Besançon,
dont la solvabilité est justifiée par les titres de
propriété qui ont été déposés cejourd'hui au
greffe dudit tribunal, avec un certificat du
conservateur des hypothèques de ladite ville,
constatant qu'il n'y a aucune inscription sur
ledit sieur P, suivant que cela est prouvé par
l'acte de dépôt, dont copie sera laissée avec les
présentes. En conséquence, lesdits sieurs A et
D sont expressément requis de prendre communication des titres dans trois jours, date des
présentes, et de conserver, s'ils le jugent à
propos, faute de quoi et passé lequel délai ledit
sieur P fera sa soumission au greffe. Dont acte.
Signé II.

Signifié et copie délivrée tant du présent
acte que de celui de dépôt y énoncé, aux
avoués B et D, en leur étude, et parlant à
leurs clercs. Besançon, le premier Août mil
huit cent onze. Signé V.

Conformément à l'article 44, et à celui
45, § 2 de cet ouvrage, les moyens de
nullité sont proposés par requête, plus
de quarante jours avant celui fixé pour
l'adjudication définitive, et le jugement
aussi sera rendu trente jours avant cette
adjudication, conformément à l'art. 46,
puisqu'elle doit avoir lieu le vingt-huit
Septembre, et que le jour d'audience
fixé pour prononcer sur les nullités, est

le vingt - six Août. La requête contient
aussi les moyens de nullité.

Malgré que la loi ne dise pas que cette
requête sera signifiée à l'adjudicataire
provisoire, je pense que pour la plus
grande régularité de la procédure, cela
doit avoir lieu. Ce qui me fait adopter
ce parti, c'est 1.° que l'adjudicataire
provisoire qui peut devenir adjudicataire
définitif, si son enchère n'est pas couverte, a un intérêt réel que la procédure soit valable. S'il a intérêt à la faire
déclarer telle, il a droit de combattre
lui même ces nullités; et pour qu'il puisse
le faire, il faut absolument qu'il soit
appelé à l'audience; 2.° que si selon
l'article 38 de cet ouvrage, la demande
en distraction doit être formée contre l'a-
voué adjudicataire provisoire, à plus forte
raison celle en nullité de la procédure.

Le jugement qui intervient se met à
la suite du cahier des charges, et après
les conclusions qui y sont transcrites,
comme il est dit page 73.

La signification contient l'offre de caution faite dans les formes prescrites par
l'article 518 du code de procédure (1).

_____

(1)« Article 518. La caution sera présentée par exploit
signifié à la partie si elle n'a point d'avoué, et par acte
d'avoué si elle en a constitué, avec copie de l'acte de

Verbal de dépôt des titres de la caution au greffe.

L'an mil huit cent onze, le premier Août, au greffe du tribunal de première instance, séant à Besançon, et par-devant moi O, greffier audit tribunal, a comparu le sieur II, avoué près ledit tribunal, y occupant pour le sieur C, boulanger, demeurant en la même ville, lequel a demandé acte du dépôt qu'il a fait ce présent jour à notre greffe, d'un acte reçu de N, notaire à Besançon, le trois Mai mil huit cent deux, dûment enregistré, portant acquisition par le sieur P, d'une maison sise en ladite ville, grande rue, N.° 789, et d'un jardin situé à Chaprais, territoire de ladite ville, pour la somme de douze mille cinq cents francs, payée comptant, et du certificat du receveur des hypothèques, constatant qu'il n'existe aucune inscription sur ledit sieur P ; ledit dépôt fait pour justifier de la solvabilité dudit sieur P, que le sieur C se propose d'offrir pour caution au sieur A, pour sûreté des frais de l'incident qu'il veut former en nullité des procédures postérieures à l'adjudication provisoire; duquel dépôt il nous a demandé acte, que nous lui avons accordé : de tout quoi nous avons dressé le présent procès-verbal, que le comparant a signé avec nous, après lecture. A Besançon, les an, mois et jour susdits.

---

dépôt qui sera fait au greffe, des titres qui constatent la solvabilité de la caution, sauf le cas où la loi n'exige pas que la solvabilité soit établie par titres. »

Acte en acceptation de caution.

A la requête de B, avoué près le tribunal de première instance, séant à Besançon, y occupant pour le sieur A, négociant en ladite ville;

Soit signifié et déclaré au sieur II, avoué audit tribunal, occupant pour le sieur C, boulanger en la même ville;

Que ledit sieur A accepte pour caution le S.ʳ P, ainsi que l'a offert ledit sieur C, par acte du premier du courant; en conséquence, ladite caution peut faire sa soumission à l'effet d'obliger sa personne et ses biens énoncés dans l'acte de dépôt dudit jour, premier courant; dont acte. Signé B.

Signifié et copie délivrée à l'avoué II, en son étude, et parlant à son clerc. Besançon, le trois Août mil huit cent onze. Signé K (1).

------

(1) 519. « La partie pourra prendre au greffe communication des titres ; si elle accepte la caution, elle le déclarera par un simple acte : dans ce cas, ou si la partie ne conteste pas dans le délai, la caution fera, au greffe, sa soumission, qui sera exécutoire sans jugement, même par la contrainte par corps s'il y a lieu à contrainte. »

520. « Si la partie conteste la caution dans le délai fixé par le jugement, l'audience sera poursuivie par un simple acte.

521. « Les acceptations de caution seront jugées sommairement, sans requête ni écriture; le jugement sera exécuté nonobstant appel. »

522. « Si la caution est admise, elle fera sa soumission, conformément à l'article 519 ci-dessus. »

Acte qui conteste la caution.

A la requête de B, avoué près le tribunal de première instance, séant à Besançon, y occupant pour le sieur A, négociant en ladite ville;

Soit signifié et déclaré au sieur H, avoué audit tribunal, occupant pour le sieur C, boulanger en la même ville;

Que ledit sieur A ne peut accepter pour caution la personne du sieur P, qui lui a été offerte par le sieur C, par son acte du premier du courant; attendu 1.º que le sieur P a passé l'âge après lequel on n'est pas contraignable par corps; 2.º qu'il y existe un procès entre le sieur M, se prétendant propriétaire des biens que l'on hypothèque pour cautionnement contre ledit sieur P, en déguerpissement desdites propriétés; dont acte. Signé B.

Signifié et copie délivrée au sieur H, avoué, en son étude et parlant à son clerc. Besançon, le trois Août mil huit cent onze. Signé K.

La caution judiciaire devant être susceptible de contrainte par corps, d'après les articles 2040, 2060 et 2066 du code Napoléon, toutes les fois qu'on offre pour caution une personne dont la soixante-dixième année est commencée, on peut la refuser (1).

---

(1) « 2040. Toutes les fois qu'une personne est obligée, par la loi ou par une condamnation, à fournir une caution, la caution offerte doit remplir les conditions prescrites par les articles 2018 et 2019.

» Lorsqu'il s'agit d'un cautionnement judiciaire, la

Dénonciation d'audience pour faire prononcer sur la réception de caution.

A la requête de H, avoué près le tribunal de première instance, séant à Besançon, y occupant pour le sieur C, boulanger en ladite ville;

Soit signifié et déclaré au sieur B, avoué près ledit tribunal, occupant pour le sieur A, négociant en la même ville,

Et au sieur D, avoué audit tribunal, occupant pour lui-même :

Que pour faire admettre la personne du sieur P, qu'il a offerte pour caution par son acte du premier du courant, qui a été con-

---

caution doit, en outre, être susceptible des contraintes par corps. »

2018. « Le débiteur obligé à fournir une caution, doit en présenter une qui ait la capacité de contracter, qui ait un bien suffisant pour répondre de l'objet de l'obligation, et dont le domicile soit dans le ressort de la cour d'appel où elle doit être donnée. »

2019. « La solvabilité d'une caution ne s'estime qu'en égard à ses propriétés foncières, excepté en matière de commerce, ou lorsque la dette est modique.

» On n'a point égard aux immeubles litigieux, ou dont la discussion deviendroit trop difficile par l'éloignement de leur situation. »

2060. « La contrainte par corps a lieu pareillement:

» §. 5, contre les cautions judiciaires et contre les cautions des contraignables par corps, lorsqu'elles se sont soumises à cette contrainte. »

2066. « Elle ne peut être prononcée contre les septuagénaires, les femmes et les filles, que dans le cas de stellionat.

» Il suffit que la soixante-dixième année soit commencée, pour jouir de la faveur accordée aux septuagénaires. »

5

testée par le sieur A , dans son acte du trois, aussi du courant , il fera porter et plaider la cause à la première audience utile dudit tribunal, qui se tiendra à neuf heures du matin du huit Août courant, requérant, etc. , protestant , etc. , dont acte. Signé H.

Signifié et copie délivrée aux avoués B et D , en leurs études et parlant à leurs clercs. Besançon , le quatorze Août mil huit cent onze. Signé K.

Jugement sur la réception de caution.

Après les points de faits et de droit, si la caution n'est pas trouvée valable, le dispositif du jugement se rédige ainsi :

Le tribunal déclare la caution offerte par le sieur C, insuffisante , et le condamne aux dépens.

Si les reproches faits à la caution sont mal fondés , le tribunal prononce ainsi :

Le tribunal, sans avoir égard aux moyens proposés par les sieurs A et D, contre la personne du sieur P, ordonne que ladite caution fera sa soumission au greffe , et condamne le sieur A aux dépens.

Soumission de la caution.

L'an mil huit cent onze , le douze Août, au greffe du tribunal de première instance , séant à Besançon , et par-devant moi O, greffier dudit tribunal, est comparu le sieur P, musicien, demeurant à Besançon, lequel, assisté du sieur H, avoué du sieur C, qui nous a dit que ledit sieur C l'ayant offert pour caution , à l'effet de répondre des frais et dommages – intérêts qui pourroient résulter de l'incident qu'il a formé

en nullité des procédures postérieures à l'adjudication provisoire qui a eu lieu dans l'instance
en saisie immobilière, pendante audit tribunal,
contre lui comme défendeur, et le sieur A demandeur, et ayant été admis à faire ses soumissions par jugement de ce tribunal du huit
du courant, dûment enregistré et signifié, il se
présentoit par-devant nous pour y déclarer,
comme de fait il déclare, qu'il se porte person-
nellement caution, et par corps, comme caution
judiciaire dudit sieur C, envers lesdits sieurs
A et D, de tous les frais et dommages-intérêts
qui pourroient leur résulter de l'incident ci-
devant énoncé ; consentant, qu'outre sa caution
personnelle, la maison et le jardin désignés en
l'acte de dépôt par nous dressé le premier du
courant, soient affectés spécialement à l'obligation qu'il contracte ; et qu'en vertu des présentes, il soit pris inscription sur iceux, des-
quelles déclarations et soumissions il nous a
demandé acte, que nous lui avons accordé.

Dont procès-verbal qu'il a signé avec nous
et l'avoué H, après lecture. Fait à Besançon,
les an, mois et jour susdits. Signé P, H, et O.

*Jugement qui admet ou rejette les moyens
de nullité postérieurs à l'adjudication
préparatoire.*

Ces jugements doivent être rédigés dans
la même forme que ceux qui se trouvent
pages 71 et 74.

*Acte d'appel du jugement qui admet ou
rejette les moyens de nullité postérieurs
à l'adjudication préparatoire.*

L'an mil huit cent onze, le deux Septembre,
à la requête, etc.

5 *

Cet acte doit être conforme à celni que l'on voit page 77 , et notifié au greffier comme il est dit page 78 , qui met au bas le même *visa* que celui qui est porté en la page 79. Il faut se rappeler que c'est un greffier du tribunal d'instance qui a rendu le jugement ; que l'appel doit être notifié par les raisons que j'ai données page 79 , qui ressortent encore davantage des articles 46 et 47 de cet ouvrage ; car, lorsque le premier de ces articles porte, que le tribunal sera tenu de prononcer sur ces moyens de nullité huit jours au plus tard avant celui fixé par l'adjudication définitive, et le second, que l'acte d'appel sera interjeté dans la huitaine de la prononciation du jugement et visé par le greffier , c'est pour que le tribunal d'instance soit informé de l'existence ou de la non existence de l'acte d'appel.

On voit que le jugement qui a dû prononcer sur cette nullité , a dû être rendu le vingt-six Août ; que l'acte d'appel étant du deux Septembre , il est interjeté dans le délai prescrit par la loi.

Jugement d'adjudication définitive.

Le tribunal , ouï le demandeur comparant par l'avoué B , et Monsieur E , procureur-impérial , donne défaut contre les autres parties qui ne comparoissent , ni personne de

leur part ; et pour le profit, vu les troisièmes
annonces faites dans le journal de Besançon,
sous le n.° 43 ; vu également le procès-verbal
du trois Août dernier, constatant la troisième
apposition des placards, dans lesquels l'adjudication définitive est indiquée pour ces présents
jour, lieu et heures, lesdits actes en bonne
forme ; le tribunal a ordonné et ordonne la
publication du cahier des charges ci-dessus,
pour être procédé de suite à la réception des
montes et enchères.

En conséquence, et après la lecture qui a
été faite de ce cahier à haute et intelligible
voix, par l'huissier de service, il a été successivement allumé plusieurs bougies, comme
il suit :

Une première bougie allumée, le sieur M,
avoué, a porté la vigne dont il s'agit, à la
somme de deux mille six cents francs ;

Une autre bougie ayant été allumée, elle
s'est éteinte sans enchère ;

Deux autres bougies ayant été successivement allumées, elles se sont éteintes sans enchères.

Pourquoi le tribunal, ouï de nouveau Monsieur E, procureur impérial, a adjugé et
adjuge définitivement au sieur M, avoué en
ce tribunal, la vigne ci-dessus énoncée, pour
la somme de deux mille six cents francs, à
charge par lui de se conformer au cahier des
charges ; enjoint au sieur C, partie saisie, de
délaisser à l'adjudicataire la possession de ladite vigne, aussitôt que la signification du

présent jugement lui aura été faite, à quoi il sera contraint par toutes voies de droit, même par corps.

Fait et jugé à l'audience du tribunal de première instance, séant à Besançon, du vingt-huit Septembre mil huit cent onze. Signé A, président, et O, greffier.

Déclaration de command.

L'an mil huit cent onze, le vingt-neuf Septembre, au greffe du tribunal de première instance, séant à Besançon, et par-devant nous O, greffier dudit tribunal, est comparu le sieur M, avoué en ce tribunal, demeurant à Besançon, lequel a déclaré qu'il n'avoit pas reçu l'adjudication qui lui a été faite par le tribunal à l'audience des criées, du vingt-huit du courant, d'une vigne sise sur le territoire de Besançon, lieu dit à Trois-Châtel, pour la somme principale de deux mille six cents francs, et sous les clauses, conditions et obligations imposées par le cahier des charges ; laquelle vente étoit poursuivie par saisie immobilière, à requête du sieur A, négociant à Besançon, contre le sieur C, demeurant en la même ville, pour lui-même ; mais pour et au nom du sieur W, demeurant en ladite ville, lequel ci-présent a déclaré qu'il accepte le remis en place ci-dessus sous les prix, clauses, conditions et obligations imposées au sieur M, qu'il promet relever de toutes charges à cette occasion, de tout quoi lesdits comparants ont demandé acte à eux octroyé par le présent procès-verbal qu'ils

ont signé avec nous, après lecture. Signé W, M
et O.

Si la partie au nom de qui se fait la
déclaration de command, n'est pas présente, au lieu de mettre dans le procès-
verbal : « lequel ci-présent, etc. », on le
rédige ainsi qu'il suit :

En vertu de sa procuration sous seing-privé,
en date en ladite ville, du . . . . enregistré
le . . . . par . . . . moyennant un franc dix
centimes; laquelle il a présentée et déposée entre nos mains, pour être jointe à la présente
déclaration de command, de tout quoi il a
demandé acte, que nous lui avons octroyé.

Cette déclaration est conforme à l'article 53 de cet ouvrage ; comme on le
voit, elle est faite dans les trois jours de
l'adjudication : elle contient l'acceptation
de celui pour qui elle a été faite, ou le
dépôt du pouvoir qu'il avoit donné à
l'avoué adjudicataire.

FOLLE-ENCHÈRE.

Certificat à délivrer par le greffier pour la
poursuite de la folle-enchère.

Je soussigné O, greffier du tribunal de première
instance de Besançon, sur la demande à nous faite
par le sieur A, négociant à Besançon, par le ministère du sieur B, avoué près de ce tribunal,
déclare et certifie que le sieur W, qui a eu
l'adjudication d'une vigne sise lieu dit à

Trois-Châtel, territoire de Besançon, dont la vente étoit poursuivie par saisie immobilière, à requête dudit sieur A, contre le sieur C, boulanger, demeurant en ladite ville, n'a pas encore justifié de l'acquit des charges et conditions sous lesquelles cette adjudication lui a été faite, comme il étoit tenu de le faire d'après l'article 715 du code judiciaire, en foi de quoi j'ai délivré le présent certificat pour servir et valoir ce que de raison.

Fait au greffe du tribunal de première instance de Besançon, le vingt Octobre mil huit cent onze. Signé O.

Ce certificat est délivré après les vingt jours de l'adjudication, comme le veut l'article 715.

Minute de placards.

DE PAR L'EMPEREUR ET JUSTICE.

Vigne située sur le territoire de Besançon, arrondissement du tribunal d'instance de ladite ville et de la justice de paix du sud de la même ville, à vendre par folle-enchère.

A la requête du sieur Joseph A, négociant, demeurant à Besançon, lequel fait élection de domicile en sa résidence en ladite ville, et encore en l'étude du sieur B, avoué près le tribunal de première instance, séant en ladite ville, y demeurant, grande rue, n.° 745, qu'il constitue pour occuper pour lui cette part, contre le sieur W, propriétaire, demeurant audit Besançon, faute par lui d'avoir justifié dans les vingt jours, conformément à l'article

715 du code de procédure civile, de l'acquit des charges et conditions qui lui étoient imposées par l'adjudication qu'il a eue de ladite vigne, à l'audience dudit tribunal, du vingt-huit Septembre dernier, ensuite de la saisie immobilière de cette vigne, poursuivie à requête dudit sieur A contre le sieur C, boulanger, demeurant à Besançon, le même jour, par. . . . , qui a reçu. . . . .

Désignation de la vigne dont on poursuit la vente.

Cette désignation est la même que celle page 46.

L'enchère sera publiée de nouveau, pour la première fois, à l'audience du tribunal de première instance, séant à Besançon, qui se tiendra à neuf heures du matin du sept Novembre prochain.

Fait à Besançon, le vingt-un Octobre mil huit cent onze. Signé B, avoué.

Enregistré à Besançon, le vingt-un Octobre mil huit cent onze. Signé V.

Ce placard est conforme au prescrit de l'article 60 de cet ouvrage, qui renvoie aux articles 19, 33 et 36; il faut, entre la désignation de l'objet à vendre et la date du placard, insérer les phrases qu'on trouve page 52.

Procès-verbal d'apposition de placards.

L'an mil huit cent onze, le vingt-deux Octobre, etc.

Ce procès-verbal doit être fait dans la même forme que celui qui est page 54.

L'article 60 voulant que la première publication du cahier des charges n'ait lieu que quinzaine après l'apposition des placards, on voit que cette apposition a eu lieu le vingt-deux Octobre, et que la première publication ne sera faite que le sept Novembre suivant.

Notification de placards.

L'an mil huit cent onze, le ving-six Octobre, à la requête du sieur Joseph A, négociant, demeurant à Besançon, lequel fait élection de domicile en sa résidence, et encore en l'étude du sieur B, avoué près le tribunal de première instance, séant en ladite ville, qu'il constitue pour occuper pour lui cette part, je soussigné. . . .

Ai signifié et copie délivrée au sieur M, en qualité d'avoué du sieur W, adjudicataire de la vigne désignée au placard ci-après énoncé, en son étude à Besançon, et parlant à.... et au sieur C, boulanger, demeurant à Besançon, au domicile du sieur H, son avoué, demeurant audit Besançon, et parlant à

1.º D'un placard imprimé, annonçant la vente par folle-enchère d'une vigne sise à Trois-Châtel, territoire de Besançon, dont le sieur M, avoué, a eu l'adjudication à l'audience dudit tribunal, du vingt-huit Septembre dernier, po et au nom dudit sieur W.

2.º D'un procès-verbal dressé par l'huissier

O, constatant l'apposition desdits placards dans les lieux désignés par la loi.

3.º Enfin, de mon présent exploit, le tout en bonne forme, et afin que les ci-devant nommés n'en ignorent.

Fait audit lieu, les an, mois et jour susdits. Le coût est de. . . .

Cet acte est conforme à l'article 61 de cet ouvrage.

Il faut, aussitôt les placards apposés, les insérer dans le journal, et justifier de cette insertion, comme il est dit page 7, article 18.

On ne dépose pas un nouveau cahier de charges, les publications, adjudications préparatoires et définitives, se mettent à la suite du jugement d'adjudication dont on poursuit la folle enchère ; cela résulte de l'article 60 de cet ouvrage, qui porte que l'enchère sera publiée de nouveau.

Le procès verbal de première publication est rédigé par le greffier, comme il est dit page 68.

Placards pour l'adjudication préparatoire.

Ils sont les mêmes que ceux portés page 55 ; il faut seulement ajouter, comme on l'a déjà dit, entre la désignation des biens et la date de l'affiche, les phrases que l'on voit page 71.

La mise à prix peut être de quelle somme on veut.

Procès-verbal d'apposition de placards.

L'an mil huit cent onze, le onze Novembre, à la requête, etc.

Le surplus est conforme à ce qui est dit page 54. Il est de plus de huit jours anté-rieur à l'adjudication préparatoire, puis-que cette adjudication ne peut avoir lieu que le vingt-un Novembre, quinzaine après la première publication, article 62 de cet ouvrage. Il faut aussi renouveler les annonces dans les journaux.

Jugement d'adjudication préparatoire.

Il est le même que celui porté page 74 et suivante. Le jour de l'adjudication dé-finitive doit être fixé article 63 de cet ou-vrage ; elle ne peut avoir lieu que le vingt-trois Janvier mil huit cent douze, pour les raisons données page 109 et suivantes.

Placard pour l'adjudication définitive.

Il est le même que celui page 80, seu-lement il faut ajouter à la suite, comme on l'a dit, les phrases qui se trouvent pages 71 et 80.

Procès-verbal d'affiche.

L'an mil huit cent onze, le vingt-six Octo-bre, à la requête, etc.

Le surplus est de même que celui page 54 ; il faut de même leur renouveler les annonces dans les journaux.

Jugement d'adjudication définitive.

Il est le même que celui pag. 100 et suivante; il faut ajouter à ce jugement la dis-
position qui suit :

Condamne le sieur W, défendeur en folle-
enchère, même par corps, à rapporter au sieur
C, ou aux créanciers de celui-ci, la somme
de sept cents francs, différence du prix de son
adjudication d'avec celui de la folle-enchère,
et aux frais, tant de la procédure en saisie
immobilière qu'à ceux de ladite folle-enchère.

Les articles 35, 44 et 47, relatifs aux
nullités et aux délais et formalités de
l'appel, sont communs à la poursuite de
la folle-enchère. Voy. ce qui est dit pour
la forme de la procédure, pag. 78, 79, 95,
96, 97 et 98.

J'observe que, d'après l'article 63, l'adjudication définitive peut être faite quinze
jours après l'adjudication préparatoire,
par conséquent j'aurois pu la fixer au cinq
Décembre, au lieu de la reporter au 23
Janvier ; nonobstant, je crois qu'il n'est
pas prudent de la fixer à un délai de quinzaine après l'adjudication préparatoire,
que cela est même contraire à la loi. Deux
raisons péremptoires me l'ont fait fixer à
deux mois, comme dans la saisie immobilière ; 1.º c'est que l'article 35 accor-
dant le délai de quinzaine à dater de la
signification du jugement qui a statué sur

les nullités antérieures à l'adjudication
préparatoire pour en appeler, il s'en sui-
vroit, si l'adjudication définitive étoit
fixée à quinzaine, que lors de cette adjudication, le délai d'appel ne seroit pas
expiré : cependant l'appel étant supressif,
comme je l'ai dit page 79, et comme le
porte l'article 457 du code de procédure,
l'effet de cet article, qui est la suspension
des poursuites, n'auroit pas lieu, puisque
l'appel seroit interjeté postérieurement à
l'adjudication définitive. Le but de la loi
seroit manqué, l'avoué poursuivant se
mettroit dans le cas de supporter des
frais considérables, et peut-être même
des dommages et intérêts, ou venoit,
par l'effet de cet appel mettre au néant le
jugement d'adjudication définitive, sans
qu'il fût besoin de se pourvoir contre.

En effet, supposons pour un moment
que l'adjudication définitive ait été faite
le cinq Décembre, comme le permet la
loi, celui contre lequel les nullités antérieures à l'adjudication préparatoire ont
été rejetées le vingt-un Octobre précédent, appel de ce jugement le six Décembre, il est encore dans le délai prescrit
par l'article 35, le jugement ne pouvant
être signifié au plutôt que le troisième
jour de son obtention, attendu la signification des qualités ; si en cour la pro-

cédure vient à être annullée, que devient l'adjudication définitive? Voilà un jugement anéanti sans que personne se soit pourvu contre, et sans qu'il soit besoin de le faire.

La seconde, encore plus forte que la première, résulte de ce que l'article 66 rend communs à la folle-enchère ceux 44 et 45 de cet ouvrage, relatifs aux nullités postérieures à l'adjudication préparatoire. Ces derniers articles veulent que la partie saisie propose ses moyens de nullité par requête signifiée quarante jours au moins avant celui indiqué pour l'adjudication définitive, et que les juges prononcent trente jours au plus tard avant cette adjudication, chose impossible si elle est fixée à quinzaine. Il faut nécessairement qu'elle soit fixée à deux mois, comme je l'ai fait : et comme les moyens de nullité ne peuvent être proposés qu'après que les actes nécessaires pour parvenir à l'adjudication définitive ont été faits, il faut qu'ils soient faits dans la quinzaine du jour de l'adjudication préparatoire, comme le veut l'article 36 ; sans cela, on ôteroit à la partie poursuivie les moyens de défenses qui lui sont accordés par la loi.

Je pense donc que si l'article 742 du code de procédure, dit que l'adjudica-

tion définitive peut être faite quinze jours
après celle préparatoire, c'est une erreur
commise non par le législateur, mais
par l'imprimeur, échappée au premier
lors de la correction de l'épreuve du bul-
letin des lois, erreur qui sera sans doute
certifiée. Les lois de notre auguste Souve-
rain sont trop belles et trop pures pour
être en contradiction avec elles-mêmes.

DE LA SURENCHÈRE.

Acte en surenchère.

L'an mil huit cent onze, le premier Octobre, au greffe du tribunal de première instance de Besançon, et par-devant nous O,
greffier en ce tribunal, s'est présenté le sieur
L, serrurier, demeurant en ladite ville, assisté du sieur D, avoué en ce tribunal, lequel
a déclaré que voulant profiter de la faculté qui
lui est accordée par l'article 710 du code de
procédure, il surenchériroit de sept cents francs
le prix de la vigne adjugée par ce tribunal, le
vingt-huit Septembre dernier, au sieur M,
avoué, pour le compte du sieur W, propriétaire, demeurant à Besançon, suivant la déclaration de command rédigée au greffe de ce
tribunal, le lendemain, pour la somme de
deux mille six cents francs; ladite adjudication faite ensuite de saisie immobilière, à requête du sieur A, négociant à Besançon, contre
le sieur C, boulanger en ladite ville, à charge
par lui de se conformer à ce qui lui est ordonné

par l'article 711 du même code ; de tout quoi il nous a demandé acte, que nous lui avons octroyé pour servir et valoir ce que de raison. Dont procès-verbal que le comparant ainsi que son avoué ont signé avec nous après lecture.

Fait audit lieu, les an, mois et jour susdits. Signé L, D et O.

Le prix de la vente étant de deux mille six cents francs, le quart en sus n'est que de six cent cinquante francs, ayant surenchéri de sept cents, la surenchère est conforme à la loi, étant d'ailleurs faite dans la huitaine de l'adjudication, puisque cette adjudication est du vingt-huit Septembre, et la surenchère du premier Octobre.

Quoiqu'il ne soit pas dit qu'on doive donner copie de l'acte de surenchère, mon avis est qu'on doit le faire, puisque la loi dit qu'il faut faire la dénonciation de cette surenchère dans les vingt-quatre heures ; elle entend qu'il soit pris expédition de l'acte de surenchère, et qu'il en soit donné copie avec l'avenir à l'audience.

Dénonciation de surenchère.

A la requête du sieur D, avoué près le tribunal de première instance, séant à Besançon, qui se constitue par les présentes pour occuper pour le sieur L,

Soit signifié et déclaré au sieur M, avoué

près ledit tribunal, occupant pour le sieur W, propriétaire, demeurant à Besançon,

Au sieur B, avoué, occupant pour le sieur A, négociant, demeurant audit Besançon.

Et au sieur H, avoué, occupant pour le sieur C, boulanger, demeurant en la même ville.

Qu'avec celle des présentes, il leur sera laissé copie d'un acte en surenchère, d'une vigne sise à Trois-Châtel ; ledit acte, en date du jour d'hier, avec déclaration qu'il fera porter ladite surenchère à l'audience du tribunal de première instance, séant palais de justice, à Besançon, qui se tiendra à neuf heures du matin du huit du courant, les requérant d'avoir à s'y rencontrer, protestant de passer outre tant en présence qu'absence. Dont acte. Signé D.

Signifié et copie délivrée, tant des présentes que de l'acte en surenchère y énoncé, aux avoués M, B et H, en leurs études et parlant à leurs clercs. Besançon, le deux Octobre mil huit cent onze. Signé O.

Cet acte est signifié dans les vingt-quatre heures, comme le veut la loi ; il contient avenir à l'audience. Au jour indiqué pour l'enchère, il ne pourra être admis que l'adjudicataire et celui qui a fait la surenchère, article 72 de cet ouvrage. Si la partie saisie n'a point d'avoué, on ne lui dénonce pas la surenchère, article 71. Le jugement qui intervient sur la surenchère, se met à la suite du cahier des charges ; il se rédige dans la même forme que les autres adjudications. Si l'adjudication ne se porte pas au prix de la surenchère, le jugement doit porter condamnation par corps contre le suren-chérisseur de la différence du prix de l'adjudication, d'avec celui de la suren-chère, article 72.

ARTICLES

DU CODE JUDICIAIRE

Des Titres 32 et 33,

*Qui n'ont pas de rapport à la Procédure
en saisie immobilière.*

ART. I.er

688. Si les immeubles saisis ne sont pas
loués ou affermés, le saisi en restera en possession jusqu'à la vente, comme séquestre
judiciaire, à moins qu'il ne soit autrement
ordonné par le juge, sur la réclamation d'un
ou de plusieurs créanciers ; les créanciers pourront, néanmoins, faire faire la coupe et la
vente, en tout ou en partie, des fruits pen-
dants par les racines.

II.

689. Les fruits échus depuis la dénonciation au saisi, sont immobilisés pour être dis-
tribués avec le prix des immeubles, par ordre
d'hypothèque.

III.

690. Le saisi ne pourra faire aucune coupe
de bois ni dégradation, à peine de dommages
et intérêts, auxquels il sera condamné par

corps; il pourra même être poursuivi par la
voie criminelle, suivant la gravité des circons-
tances.

IV.

691. Si les immeubles sont loués par bail
dont la date ne soit pas certaine avant le commandement, la nullité pourra en être prononcée, si les créanciers où l'adjudicataire le
demandent.

Si le bail a une date certaine, les créanciers
pourront saisir et arrêter les loyers ou fermages;
et dans ce cas, il en sera des loyers ou fermages échus depuis la dénonciation faite ou saisi,
comme des fruits mentionnés en l'article 689.

V.

692. La partie saisie ne peut, à compter
du jour de la dénonciation à elle faite de la
saisie, aliéner les immeubles, à peine de nullité, et sans qu'il soit besoin de la faire prononcer.

VI.

693. Néanmoins, l'aliénation ainsi faite
aura son exécution, si avant l'adjudication
l'acquéreur consigne somme suffisante pour
acquitter en principal, intérêts et frais, les
créanciers inscrits, et signifie l'acte de consignation à ces créanciers.

Si les deniers ainsi déposés ont été em-
pruntés, les prêteurs n'auront d'hypothèque
que postérieurement aux créanciers inscrits
lors de l'aliénation.

VII.

694. Faute d'avoir fait la consignation avant

l'adjudication, il ne pourra y être sursis sous aucun prétexte.

VIII.

718. Toute contestation incidente à une poursuite de saisie immobilière, sera jugée sommairement dans les cours et tribunaux ; les demandes ne seront pas précédées de citation en conciliation.

Loi relative à la saisie immobilière des biens d'un débiteur, situés dans plusieurs arrondissements.

Du 14 Novembre 1808.

ART. I.er

La saisie immobilière des biens d'un débiteur, situés dans plusieurs arrondissements, pourra être faite simultanément, toutes les fois que la valeur calculée desdits biens sera inférieure au montant réuni des sommes dues, tant au saisissant qu'aux autres créanciers inscrits.

II.

La valeur des biens sera établie d'après les derniers baux authentiques, sur le pied du denier vingt-cinq ; à défaut de baux authentiques, elle sera calculée d'après le rôle des contributions foncières, sur le pied du denier vingt.

III.

Le créancier qui voudra user de la faculté accordée par l'article 1.er, sera tenu de présenter requête au président du tribunal, de l'arrondissement du tribunal où le débiteur a son domicile, et d'y joindre 1.º copie en forme des baux authentiques, ou, à leur défaut, copie également en forme, du rôle de la contribution foncière; 2.º l'extrait des inscriptions prises sur le débiteur, dans les divers arrondissements où les biens sont situés, ou le certificat qu'il n'en existe aucune.

La requête sera communiquée au ministère public et répondue d'une ordonnance portant permis de faire la saisie de tous les biens situés dans les arrondissements et départements y désignés.

IV.

Les procédures relatives, tant à l'expropriation forcée qu'à la distribution du prix des immeubles, seront portées devant les tribunaux respectifs de la situation des biens.

V.

Toutes dispositions contraires à la présente loi sont abrogées.

FIN.

TABLE
DES MATIERES.

(Le Numéro indique la Page).

A.

6

D.

6 *

F.

G.

H.

I.

J.

M.

N.

P.

FIN DE LA TABLE.

www.ingramcontent.com/pod-product-compliance
Lightning Source LLC
Chambersburg PA
CBHW062009200326
41519CB00017B/4729